Evoluindo Com Jesus

RICARDO MAGALHÃES

EVOLUINDO COM JESUS

Sua fé pode transformar a sua vida

Inovação

Direção Geral: Ricardo Magalhães
Preparação e texto: Renata Berti
Foto do autor: George Patrão
Revisão: Angela Azevedo de Matos

FICHA CATALOGRÁFICA ELABORADA SEGUNDO O MANUAL DO EDITOR
(TABELA DE ASSUNTOS) DA FUNDAÇÃO BIBLIOTECA NACIONAL (BN)

Magalhães, Ricardo
Evoluindo com Jesus : Sua fé pode transformar a sua vida.

Ricardo Magalhães – São Paulo: Inovação Editora, 2011

ISBN 978-85-86682-33-9

I. Título. Evoluindo com Jesus
II. Título: Sua fé pode transformar a sua vida.

150-152 CDD-200.215

Índices para catálogo sistemático:
1. Espiritualidade : Psicologia espiritual 158.1
2. Ensinamentos de Jesus : Religiosidade : Psicologia espiritual 170
3. Espiritualidade : Percepção extra-sensorial 133

Inovação Projetos Editoriais
Vendas: www.cataventobr.com.br

"Confesso que depois de ter estudado a Terra e os homens durante setenta anos, não vejo outro remédio para a miséria do mundo a não ser o caminho indicado por Cristo."

George Bernard Shaw
Escritor Irlandês (1856-1950)
Prêmio Nobel de Literatura - 1925

SUMÁRIO

Prefácio[1]

Depois de publicar *Os Benefícios Do Equilíbrio e Fonte de Equilíbrio* volta Ricardo Magalhães às nossas livrarias com mais uma obra, cujas páginas calcadas no evangelho examinado à luz da Doutrina Espírita, renovam a mente do leitor.

O livro Evoluindo com Jesus merece, como os anteriores, ser lido e refletido por todos quantos almejam passar sua própria evolução em direção à Espiritualidade Superior.

O caminho apontado por Ricardo Magalhães para o aperfeiçoamento moral – afirmaremos já – é áspero porque é o mesmo indicado pelo Cristo.

Caminho (é bom notar) sem atalhos.

Aliás, há dois mil anos adverte-nos o Cristo que larga é a porta da perdição e estreita a da salvação. Temos, pois, de ter fé e tenacidade em nossa dura escalada evolutiva,

[1] Prefácio da primeira edição - 1995

caso contrário esperam-nos grandes padecimentos. Mas, tendo os ensinos de Jesus por farol na estrada da vida nosso objetivo supremo será atingido.

Redigido num estilo oral, despretencioso, o livro de Ricardo Magalhães, interpretando algumas Bem-Aventuranças e parábolas de Jesus, é mais uma importante contribuição ao nosso progresso espiritual - contribuição que o leitor inteligente saberá avaliar e... pôr em prática.

Jorge Rizzini
Jornalista e autor do livro: *Materializações de Uberaba*
e psicógrafo em parceiria com Chico Xavier de
Junqueira no Aquém e no Além

Ao Amigo Leitor

A finalidade que nos levou a elaborar este despretencioso livro, *Evoluindo com Jesus*, que mereceu calorosos apoios dos estimados confrades e em especial do amigo Jorge Rizzini, bem como dos tarefeiros do Alto que certamente nos assistiram neste humilde trabalho é o de servir com gratidão, sinceridade e amor as causas do Cristianismo trazido pelo divino Mestre e do Espiritismo prometido por Ele próprio para completar a Sua doutrina.

Nós, os espíritas-cristãos que estamos vinculados ao missionário Allan Kardec, o codificador da doutrina de Jesus, não podemos ouvidar a sintonia com o Mestre através das maravilhosas lições contidas no Evangelho redentor, as quais nos conduzem, com segurança, às Esferas Superiores.

Quando publicamos em 1995 os livros, *Os Benefícios do Equilíbrio* e *Fonte de Equilíbrio*, afirmamos a felicidade de os ter escrito e a alegria de poder servir as causas do Cristianismo redivivo e do Espiritismo consolador, embora tenham sido apenas uma pequena contribuição diante da misericórdia Divina.

Agora, com o *Evoluindo com Jesus*, reafirmamos os mesmos propósitos dos anteriores: servir com sinceridade e amor ao Evangelho de Jesus. Todavia compreendemos que os textos por nós desenvolvidos são singelos, embora continuem envoltos de grande amor.

Faz-se necessário esclarecer ao amigo leitor que, neste livro, não pretendemos ensinar a ninguém as martavilhas das verdades da Boa Nova deixadas pelo Cristo, pois seria um grande despropósito e ridícula presunção. Na verdade, o que nos coube, foi estudá-las e interpretá-las tornando-as alimentos para nossas almas, segundo, é claro, a nossa compreensão.

Portanto, assim sendo, juntemo-nos com o Mestre na senda do bem e do progresso renovador e, dia a dia, sem sombra de dúvida, estaremos a caminho da própria evolução – *com Jesus*.

Ricardo Magalhães

"Se tiverdes amor, tendes tudo o que mais se pode desejar na Terra, possuireis a pérola sublime que nem as circunstâncias nem as maldades dos que vos odeiam e perseguem, poderão arrebatar. Se nem a traça nem a ferrugem poderão atingi-los, e vereis desaparecer insensivelmente de vossa alma tudo o que lhe possa manchar a pureza. Sentireis que o fardo da matéria se torna mais leve, dia a dia, e como um pássaro voa nos ares, que não se lembra mais da Terra, subireis incessantemente, subireis sempre, até que vossa alma, inebriada, possa abeberar-se do seu elemento de vida no seio do Senhor."

O Evangelho Segundo o Espiritismo, Cap. VIII n. 19

Um Espírito Protetor, Bordéus, 1861

"Eu sou o caminho, a verdade e a vida;
ninguém vem ao Pai, senão por mim.
...Eu rogarei ao Pai e Ele vos dará outro consolador,
para que fique convosco para sempre."

– *Jesus* –

(João, 14:6,16 – 15:12)

Capítulo 1

Humildade, Virtude Maior

"Bem aventurados os pobres de espírito porque é deles o Reino dos Céus." (Mateus, Cap. V, v.3.)

"A humildade é uma virtude bem esquecida entre vós. Sem a humildade enfeitai-vos de virtudes que não possuís como se vestísseis uma roupa para ocultar as deformidades de vosso corpo." (O Evangelho Segundo o Espiritismo, Cap. VII, n. 11.)

Eis que Jesus, o Missionário Celeste, foi por muitos mal entendido, como até hoje, quando preferiu estas palavras: *Bem-aventurados os pobres de espírito porque é deles o Reino dos Céus*. É importante lembrar que Mateus usava a expressão "Reino de Deus". A verdade é que são distintas estas colocações. Jesus usou o termo "Reino dos Céus", pois Ele nos disse que o Reino dos Céus está entre nós, podendo a criatura, através da simplicidade de coração e da humildade de espírito, conquistar este estado sublime da alma.

Observemos esta passagem narrada por Lucas, (Lc., 17:20.21) sobre a vinda do Reino de Deus:

E interrogado pelos fariseus sobre quando havia de vir o *Reino de Deus*, respondeu-lhes e disse:

– O *Reino de Deus* não vem com aparência exterior.

– Nem dirão: Ei-lo aqui, ou: Ei-lo ali; Porque eis que o *Reino de Deus* está entre vós.

Quando a criatura procura sua reforma moral com veemência e tenacidade através da exemplificação dos ensinamentos de Jesus, consegue encontrar-se em estado elevado de espírito que é na realidade o 'reino do céus'. Portanto, o "Reino dos Céus" é alegria, felicidade, é a paz interior que o homem sente com a conquista de seu aperfeiçoamento moral, bem como, com a prática das boas obras. Já o "Reino de Deus" é diferente, pois é a conquista de tudo, ou melhor, é atingir, por assim dizer, uma elevada posição espiritual da qual o homem não tem mais necessidade de reencarnar em nenhum lugar do Universo. Com a pluralidade das existências em mundos habitados, a criatura atinge o seu completo aperfeiçoamento espiritual onde é de fato, admitido na Vinha do Senhor – pois já conhece a Verdade. Por isso o Cristo disse aos Judeus:

"Se vós permanecerdes na minha palavra, verdadeiramente sereis meus discípulos; e conhecereis a verdade e a verdade vos libertará." (João - 8:31.32)

Só mesmo com as reencarnações sucessivas e com a pluralidade de mundos habitados, o homem consegue atingir o verdadeiro estado elevado de espírito. Sem a prática constante da humildade e do amor a Deus sobre todas as coisas e ao próximo como a si mesmo, é impossível ao homem conquistar o reino dos Céus e muito menos o Reino de Deus.

O Pai Celestial, em Sua infinita bondade, possibilitou a todas as criaturas, condições para a conquista destas maravilhas que são reservadas aos bem-aventurados, independentemente do grau de instrução que possuem, só mesmo dependendo do esforço, da vontade e da disciplina, juntamente com a ação e a humildade.

Logo, o Messias não quis dizer que o homem ´*pobre de espírito*´ fosse desprovido da inteligência e das faculdades intelectuais. Entretanto, muitos homens de atributos intelectuais e de ciência, frequentemente, se consideram superiores aos seus semelhantes e olham as coisas Divinas, como nos adverte a Espiritualidade Maior, com indiferença, recusando-se quase sempre a acreditar na existência de um plano extra-físico e de que tudo depende da vontade de Deus.

Jesus, em outras palavras, nos alerta: *ninguém será admitido no Reino dos Céus sem antes ser simples de coração e humilde de espírito*. Assim sendo, os homens que são considerados 'ignorantes' intelectualmente, mas que possuem qualidades morais, serão preferidos aos que se julgam grandes e superiores na Terra.

Por isso, a expressão usada por Jesus tinha seu real significado embora exigisse reflexão e discernimento, características do homem que procura a evolução interior como base primordial para o aperfeiçoamento. O Cristo, conhecedor das verdades eternas, ainda que mal compreendido, não procurou, em nenhum momento, antecipar o tempo. Deixou, sim, que procurássemos entendê-Lo através da razão, reservando a tarefa complementar para o 'Espírito de verdade', que viria, mais adiante, em seu tempo certo.

Convém lembrar, mais uma vez, que os pobres de espírito a que Ele se referiu eram e são os 'simples de coração e os humildes de espírito', os que se colocam sempre em submissão à vontade de Deus, os que percebem sua pequenez diante da grandeza Celestial. Eis, aí, os verdadeiros bem-aventurados, pois eles são grandes aos olhos de Deus.

Aqueles que buscam tão-somente sua recompensa nas conquistas materiais, afastam-se dos caminhos que levam ao crescimento inferior, pois acreditam mais nas coisas terrenas – transitórias – do que nas de Deus. E, se dizem o contrário, agem de maneira completamente oposta.

Sem a humildade, não há verdadeiro amor e fora do amor não há salvação.

Pensemos:

– Como podemos exercer de fato a caridade em favor do próximo, se não somos verdadeiramente humildes?

"*Caridade e humildade, tal é, pois, o único caminho da salvação; o egoísmo e o orgulho, tal o da perdição.*" (O Evangelho Segundo o Espiritismo, Cap. XV n. 5).

Lembremo-nos sempre de Jesus, o mais evoluído Espírito que passou pelo Planeta Terra: Sua humildade e Seu amor ilimitado O fez tão grande que O colocou acima de todos os profetas.

Para que possamos permanecer no reino dos céus, na paz interior, precisamos manter as atitudes simples e objetivas, e o coração livre de ressentimentos, não só por um momento, mas em todas as nossas ações; fazer dessa atitude uma verdadeira constante em nossas vidas. Aí sim, permaneceremos no reino dos céus.

Jesus, sendo o Mensageiro direto da Divindade para realizar grandes maravilhas e transmitir a palavra de Deus, mostrou-se sempre com legítima humildade e abnegação diante de toda Humanidade – sobretudo quando injustiçado.

"*Mais vale, para a felicidade do homem, ser pobre de espírito, no mundo material, e ser rico em qualidades morais*", nos explica o Espiritismo.

O Mestre dos Mestres continuou com seus exemplos maravilhosos qando se acercaram d'Ele os discípulos e lhe perguntaram:

"Quem é o maior no Reino dos Céus?

Jesus, tendo chamado uma criança, colocou-a no meio deles e lhes disse:

– *Eu vos digo em verdade que, se vós não vos converterdes, e se não vos tornardes como crianças, não entrareis no reino dos céus. Todo aquele, pois, que se humilhar e se tornar pequeno como esta criança será o maior no reino dos céus, e todo aquele que recebe em meu nome uma criança, tal como acabo de dizer, é a mim que recebe.*" (Mateus – Cap. XVIII, v. 1 a 5).

Um dos maiores obstáculos à felicidade humana é o orgulho, sentimento mesquinho, companheiro da inveja e da vaidade. Normalmente, o homem possuidor destes sentimentos pequenos acha-se sempre superior aos seus semelhantes, e, como se não bastasse o mal que alimenta na alma, contribui com as injustiças e a miséria tão comuns em nossa sociedade, retardando o próprio processo evolutivo; falta-lhes o sentimento da generosidade e do amor ao próximo. Por isso, amigo leitor, urge refletirmos e estudarmos, sobretudo praticarmos estas máximas deixadas por Jesus, pois elas são as condições principais para a felicidade prometida aos que a elas são fiéis. A propósito, a paz, a alegria e a felicidade interior são estados da alma que podem e precisam ser conquistados nesta existência com a prática permanente das boas obras e principalmente com a nossa reforma íntima. Contudo não nos esqueçamos de que esta reforma deve e precisa ser uma atitude perene, aplicando-nos com frequência a máxima do Cristo: "*Orai e vigiai*".

A criança que Jesus colocou no meio de seus discípulos é, na realidade, um modelo de simplicidade de coração; são, pois, as crianças, desprovidas da presunção tão comum entre os homens.

O Espiritismo nos adverte de que estas máximas de Jesus se aplicam ao princípio da pluralidade das existências, onde aqueles que foram abastados em uma encarnação e que foram dominados pelo orgulho e pela cobiça, serão rebaixados consequentemente numa próxima existência: resultado da lei de causa e efeito.

Procure observar atentamente a passagem a seguir, pois ela se aplica aos dias atuais:

"E disse aos convidados uma parábola, reparando como escolhiam os primeiros assentos, dizendo-lhes:

– Quando por alguém fores convidado às bodas, não te sentes no primeiro lugar; não aconteça que esteja convidado outro mais digno do que tu; e, vindo o que convidou a ti e a ele, te diga: Sá o lugar a este; e então, com vergonha, tenhas de tomar o derradeiro lugar.

Mas, quando fores convidado, vai, e senta-te no derradeiro lugar, para que, quando vier o que te convidou, te diga: Amigo, vem mais pra cima. Então terás honra diante dos que estiverem contigo à mesa.

Porquanto qualquer que a si mesmo se exaltar será humilhado, e aquele que a si mesmo humilhar será exaltado." (Lucas - 14:7.11)

Assim, a Divina Providência nos enviou, como nos prometera Jesus Cristo, o Consolador para nos fornecer todas as ferramentas necessárias ao aperfeiçoamento moral, através das revelações e dos esclarecimentos que a espiritualidade superior, em conjunto com o codificador Allan Kardec, nos fortalecessem espiritualmente, rumo à felicidade sem fim e à evolução sem limites.

Contudo, precisamos, urgentemente, colocar-nos em ação na prática diária da simplicidade e do desprendimento. E, convém lembrar de que o mundo, a despeito de tanto crescimento, avançado em diversos setores importantes como na ciência e na tecnologia, infelizmente, *ainda* sofre e chora. Entretanto, crescemos e evoluímos quando observamos a nossa real necessidade de seguirmos o caminho indicado pelo Cristo, a fim de vencermos os inimigos criados por nós mesmos. Assim, ficou a tarefa para o Espiritismo. Através de seu estudo sério e constante, conseguimos esclarecer muitas coisas que antigamente eram obscuras e que, hoje, o Espiritismo, abrem-nos novos rumos quanto ao desenvolvimento que sobrevive através dos séculos, dando uma enorme força à sua propagação, sobretudo, ao adiantamento moral de nossas almas desejosas de evoluir.

Reflitamos no que nos aconselhou Jesus:

– "Buscai, pois, em primeiro lugar, o Reino de Deus e

sua justiça e todas as coisas vos serão acrescentadas." (Mateus - 6:33).

Procuremos exercer nossa conduta cristã e sejamos, a exemplo do Meigo Rabi da Galiléia, simples de coração e humildes de espírito e, com absoluta certeza, colheremos os frutos deste estado d'alma que é, na realidade, o verdadeiro reino do céus.

Sem a humildade não há verdadeira caridade e fora da caridade não há salvação.

Procuremos vivenciar o Reino dos Céus com a prática da humildade e da constante reforma moral.

Façamos a nossa parte, sempre, e sejamos discípulos em exercício do Mestre Maior, construindo e reconstruindo na seara do bem e do aperfeiçoamento interior para que, no futuro, a Terra reformada possa vir a ser um Planeta de regeneração e de paz.

Capítulo 2

O Alivio Compensador

"Bem-aventurados os que choram, porque serão consolados." (Mateu, Cap. V. v. 4.)

"Por estas palavras: Bem-aventurados os aflitos, porque serão consolados, Jesus indica, ao mesmo tempo, a compensação que espera aqueles que sofrem, e a resignação que faz abençoar o sofrimento com o prelúdio da cura.

Essas palavras podem, ainda ser traduzidas assim: Deveis considerar-vos felizes por sofrer porque as vossas dores neste mundo são a dívida das vossas faltas passadas, e essas dores, suportadas pacientemente sobre a Terra, vos poupam séculos de sofrimento na vida futura. Deveis, pois, estar felizes porque Deus transformou vossa dívida permitindo pagá-la presentemente, o que vos assegura a tranquilidade para o futuro." (ESE, Cap. V, n. 12.)

Nossa jornada terrena - Planeta de expiação e provas - são comuns ainda os sofrimentos e as tribulações. Quando Jesus lhe disse: *Bem-aventurados os aflitos porque serão consolados*, na verdade Ele não se referiu só aos que choram — 'aflitos', pois aqui em nosso Planeta, todos sofremos, estejamos no trono ou na palha, lembra-nos muito bem o Evangelho.

A questão é que muitos não sabem sofrer, ou melhor, não suportam as dores e por vez revoltam-se, aumentando suas dificuldades – o que é ainda pior! Infelizmente, há pessoas que ao sofrerem, não compreendendo que todo efeito tem uma causa, se envolvem em lamentações e lamúrias afastando-se da possível solução ou da própria cura que é alcançada pela coragem e fé. Por isso, poucos são os que sabem superar pacientemente os sofrimentos que lhes surgem. Foi a estes – os bem-aventurados – a quem Jesus se referiu, pois é para eles que Deus reserva a consolação, sobretudo a merecida quitação de seus débitos.

A Justiça Divina não concede ao homem provas que ele não possa superar.

Façamo-nos sempre estas perguntas:

– Por acaso, poderíamos, estando nós encarnados na Terra, esperar só alegria e felicidade?

– Será que o homem evolui e alcança sua paz interior e seu aperfeiçoamento moral sem antes pagar suas dívidas e superar suas deficiências?

Seria um contra-senso afirmar que sim.

Entretanto, quando falamos em dores, problemas inevitáveis e impedimentos, é necessário e imperioso lembrar (para melhor entender o mecanismo da lei de causa e efeito) que toda dificuldade, '*sem exceção*' tem sua causa anterior. Devemos procurar sua origem, *o que nos levou a tê-la*, por ser grande parte de nossas contrariedades oriunda de nossa imprevidência; porém isso não significa que todas as aflições tenham sua origem, ou melhor, sua causa na presente encarnação.

Estudemos o "O Evangelho Segundo o Espiritismo", Cap. V, n.3, onde os espíritos elevados nos esclarecem sobre: "*as causas atuais e anteriores das aflições*", (Pluralidade das existências).

Eis que os sofrimentos e expiações têm, pois, dois lados: o lado dos problemas presentes, causados nesta existência por nossas imprudências atuais, e o outro lado: o dos sofrimentos completamente estranhos. Naturalmente esses débitos, os que "julgamos" não merecer, encontram suas origens em vidas passadas e, que por não tê-los quitado anteriormente, transferimos evidentemente para a vida atual para que nesta nova oportunidade possamos — graças a Deus — resgatá-los, dependendo, é claro, da paciência, da resignação, bem como da fé no futuro que cada um de nós precisa desenvolver através da boa-vontade, aceitando-os como provas merecidas e não impostas.

O Espiritismo nos explica que, quando encarnamos, esquecemos completamente o passado, pois o Pai Celeste – Justo e Bom – possibilita-nos a oportunidade real de progresso através dos sofrimentos bem compreendidos, sobretudo, bem aproveitados; com coragem e esforço próprio conseguimos alcançar a merecida compensação que é o alivio de nossas dores. Aliás, se recordássemos o passado, haveria muitas injustiças, muitos inconvenientes os quais só trariam malefícios e perderíamos o mérito do aperfeiçoamento.

Seriam, sem dúvida, as provas, muito mais penosas e constrangedoras se recordássemos o passado quando assumíssemos a vida corpórea. A Divina Providência, infinitamente Justa e Soberana, possibilitou-nos, ao nascer, o devido esquecimento para que pudéssemos procurar, através das próprias dificuldades, soluções para elas e com isso, nos tornássemos merecedores do adiantamento interior.

Logo, a cada existência, uma nova oportunidade é concedida ao homem e seria desnecessário para ele conhecer o seu passado, pois a ele só caberá o acerto de contas, podendo resgatar suas dívidas integralmente ou até mesmo contrair outras. Somos possuidores do livre-arbítrio, atributo que nos possibilita a escolha entre o bem e o mal; portanto somos os únicos responsáveis pelo que fazemos dele. Convém lembrar que o esquecimento de vidas passadas só acontece durante nossa estada terrena; depois, de regresso à pátria espiritual, retomamos as lembranças.

Quando procuramos exercer uma conduta equilibrada através das boas obras e desenvolvemos em nós a fé inteligente e buscamos vivenciar exemplificando os ensinamentos de Cristo, conseguimos forças complementares que nos levam a aceitar as provas da caminhada terrestre com resignação. E mais: conseguimos abrandar as tribulações, e, sobretudo, superá-las.

Reflitamos:

— Todos nós 'sem exceção' temos momentos difíceis na vida, ora causados elas nossas imprudências presentes, ora pelas faltas passadas.

Sejamos honestos:

— Poderíamos superar estes momentos e atingir o nosso aperfeiçoamento espiritual com lamentações inoportunas e tomando atitudes, muitas vezes, levianas?

— Não serão as lamentações e revoltas obstáculos maiores do que o suposto problema ou a prova em si?

— Por acaso as lamúrias resolvem alguma coisa?

— Será que não viveríamos melhor e mais tranquilos se procurássemos entender os acontecimentos inevitáveis e proceder de maneira simples, inteligente, com equilíbrio e resignação?

A reflexão é necessária ao aperfeiçoamento interior já que, quando refletimos calmamente, percebemos com clareza os caminhos a seguir.

Acompanhamento espiritual

Apesar de estarmos encarnados na Terra, não estamos sós; temos desde o nascimento um acompanhamento espiritual com o qual nos comunicamos através da oração, que é a ligação com os nossos amigos invisíveis. Se, portanto, temos boas atitudes e estabelecermos um contato positivo e sincero com os benfeitores do Mais Alto, naturalmente teremos auxílios preciosos que nos fortalecerão na caminhada terrena.

Somos espíritos eternos e para evoluir, por sermos eternos, precisamos, logicamente, das reencarnações sucessivas. Observemos no – O Livro dos Espíritos – (Q.963), o que respondeu a Espiritualidade Superior ao Codificador Allan Kardec diante das seguintes perguntas:

Deus tem a necessidade de se ocupar de cada um dos nossos atos, para nos recompensar ou punir? A maioria desses atos não são para Ele insignificantes?

– Deus tem as suas leis, que regulam todas as vossas ações. Se as violardes, a culpa é vossa. Sem dúvida, quando um homem comete um excesso, Deus não expende um julgamento contra ele, dizendo-lhe, por exemplo: tu és um glutão[1] e eu vou te punir. Mas dos excessos. Eis a punição: ela resulta da infração da lei. Assim se passa em tudo.

Observemos a nota complementar a seguir:

"Todas as nossas ações são submetidas às leis de Deus; não há nenhuma delas, por mais insignificante que nos pareça, que não possa ser uma violação dessas leis. Se sofrermos as consequências dessa violação, não nos devemos queixar senão de nós mesmos, que nos fazemos assim os artífices de nossa felicidade ou de nossa infelicidade futura.

Essa verdade se torna sensível pelo seguinte apólogo:

"Um pai dá ao filho a educação e a instrução, ou seja, os meios para saber conduzir-se. Cede-lhe um campo para cultivar e lhe diz: Eis a regra a seguir e todos os instrumentos necessários para tornar fértil o campo e assegurar a tua existência. Dei-te a instrução para compreende-

[1] Que ou quem come muito e com avidez. (Fem.: glutona.) (Nota do editor)

res essa regra. Se a seguires, o campo produzirá bastante e te proporcionará o repouso na velhice; se não a seguires, nada produzirá e morrerás de fome. Dito isso, deixa-o agir à vontade".

Não é verdade que campo produzirá na razão dos cuidados que se dispensar à cultura e que toda negligência redundará em prejuízo da colheita? O filho será, portanto, na velhice, feliz ou infeliz, segundo tenha seguido ou negligenciado a regra traçada pelo pai. Deus é ainda mais previdente, porque nos adverte a cada instante, se fazemos o bem ou o mal. Envia-nos Espíritos que nos inspiram, mas não o escutamos. Há ainda outra diferença e é que Deus dá ao homem um recurso, por meio das novas existências, para reparar os seus erros passados, ao passo que o filho de que falamos não o terá, se empregar mal o seu tempo."

Assim, muitas provas, para as quais não encontramos razões e nem explicações, estão ou encontram suas origens, em vidas passadas as quais não recordamos. Por outro lado, só através dos sofrimentos bem suportados, sobretudo bem aproveitados, o homem consegue melhorar, crescer espiritualmente e por fim evoluir.

Portanto, o homem é na realidade o próprio responsável pelos seus sofrimentos, pois ele possui o livre arbítrio, ele colhe o que planta. Se o que plantou nesta existência não colher, com absoluta certeza colherá numa próxima.

Vejamos nas narrativas do evangelista Mateus, o que disse Jesus:

"*Porque em verdade vos digo que, até que o céu e a terra passem, nem um jota ou um til se omitirá da lei, sem que tudo seja cumprido.*

Qualquer, pois, que violar um destes mandamentos, por menos que seja, e assim ensinar aos homens, será chamado o menor no reino dos céus; aquele, porém, que os cumprir e ensinar será chamado grande no reino dos céus.

Em verdade te digo que de maneira nenhuma sairás dali enquanto não pagares o último ceitil." (Mt., 5:18,19 e 26).

Por isso, se procurarmos avaliar o melhor as nossas ações, antes de pô-las em prática, com equilíbrio e discernimento, evitaremos evidentemente muitos de nossos males e quedas.

A pré-avaliação de nossos pensamentos e ações é indispensável à felicidade presente, bem como à futura; porém, é preciso sobretudo procurar suportar as provas com as quais, por vezes, nos envolve a vida pacientemente, mas também, buscando aproveitá-las com consciência e resignação, não esquecendo de que a 'prova' bem suportada é o burilamento da alma, é o remédio que traz o alívio de nossas dores.

As dívidas pagas integralmente – sem lamentações – dão a recompensa do alívio, dão a merecida quitação.

Infelizmente, ainda há muitas pessoas que vivem a se lamentar, quando não, a se revoltar contra a própria justiça divina, achando seus sofrimentos maiores do que merecem, aumentando-os ainda mais, (às vezes inconscientemente e, quando têm consciência desta realidade não a aplicando a si mesmos, são portanto duplamente culpados) retardando seu próprio progresso evolutivo, bem como, transferindo seus débitos contraídos e os que não foram pagos, para outras existências.

Por uns instantes perguntemo-nos:

– Será que vamos passar por mais uma encarnação sem procurarmos aceitar verdadeiramente as nossas dores e empecilhos com fé e resignação?

– O que será que ganhamos com as lamentações negativas e revoltas infundadas sobre as dificuldades, obstáculos, e problemas inevitáveis pelos quais, na verdade, somos os responsáveis?

Olhemos as coisas à luz da razão e sejamos honestos conosco mesmos, procurando, em tempo, nos moldar às leis que regem a vida.

As vozes do Alto explicam-nos:

"*Ele muitas vezes vos disse que não põe um fardo pesado sobre os ombros frágeis. O fardo é proporcional às forças, como a recompensa será proporcional à resignação e à coragem. A recompensa será tanto mais preciosa quanto mais penosa tiver sido a aflição."*

E finaliza alertando:

"Mas essa recompensa deve ser merecida e é por isso que a vida stá cheia de tribulações." (ESE, Cap. V, n.18)

Amigo leitor, quando estivermos passando por privações e dificuldades das quais não sabemos o porquê, abstenhamo-nos dos julgamentos precipitados e evitemos lamúrias negativas para não agravarmos mais a situação. Mas, façamos o contrário, agradeçamos de coração as oportunidades que a misericórdia de Deus nos oferece, permitindo-nos poder pagá-las através da aceitação e da confiança.

Na realidade, a dor é uma bênção que faz o homem evoluir e perceber toda a grandeza Celestial.

Estejamos certos de que o Plano maior nos acompanhará dando-nos apoio precioso para que possamos, dependendo do nosso esforço e merecimento, vencer e superar as tribulações, bem como as deficiências de nossas almas. Contudo busquemos nos envolver com Jesus, pois o nosso Irmão Celeste é o maior e melhor exemplo da resignação e da verdadeira fé, e Ele tem o jugo leve.

Ele nos disse:

"Vinde a mim, todos os que estais cansados e oprimidos, e eu vos aliviarei.

Tomais sobre vós o meu Jugo, e aprenderei de mim, que sou manso e humilde de coração; e encontrareis descanso para as vossas amas.

Porque o meu jugo é suave e o meu fardo é leve." (Mateus – 11:28, 29 e 30).

Por estas palavras o Mestre dos Mestres nos pede paciência, coragem e fé. A submissão à vontade de Deus nos cumulará da felicidade e alívio compensador que só é alcançado pela aceitação e proveito de nossas provas.

Trilhemos, sempre, o caminho do bem, da caridade sublime e tenhamos fé no futuro para que, apoiados no consolador Prometido por Jesus, sejamos pacientes e resignados e exerçamos a verdadeira conduta espírita-cristã para podermos resgatar as nossas faltas passadas como algo merecido e necessário.

Caro leitor, em qualquer situação, lembremo-nos de Jesus, o maior exemplo da paciência e da verdadeira fé e, envolvidos com Ele, procuremos evoluir exemplificando os seus ensinamentos e com absoluta certeza, seremos agraciados pelo alívio compensador.

O homem pode abrandar ou aumentar os seus sofrimentos prsentes e futuros.

Não nos esqueçamos de que, a Justiça Divina não nos concede provas que não podemos superar.

Evitemos lamúrias para não perdemos os benefícios dos sofrimentos.

Abstenhamo-nos de julgamentos precipitados sobre o que não conhecemos; comumente, problemas e impedimentos inesperados são verdadeiros presentes de oportunidades que a misericórdia Divina nos envia para nos desenvolver a alma.

Capítulo 3

A Brandura e sua Renovação Progressiva

"Bem-aventurados os mansos, porque eles herdarão a Terra." (Mateus Cap. V. v.5.)

"A benevolência para com os semelhantes, fruto do amor ao próximo, produz a afabilidade e a doçura, que são a sua manifestação. Entretanto, nem sempre se deve fiar nas aparências; a educação e os bons hábitos do mundo podem dar o verniz dessas qualidades. Quantos há cuja fingida bonomia é apenas uma máscara para uso externo, uma roupagem cujo corte bem talhado dissimula as deformidades ocultas! O mundos está cheio de pessoas que trazem o sorriso nos lábios e o veneno no coração; que são doces contanto que ninguém as moleste, mas que mordem à menor contrariedade; cujas línguas de ouro, quando falam face a face, se transformam em dardo envenenado, quando falam por trás.(...)

(...)Não basta que os lábios destilem leite e mel; se o coração nada tem a ver com isso, trata-se de hipocrisia. Aquele cuja afabilidade e doçura não são fingidas, jamais se desmente. É o mesmo para o mundo e na intimidade, sabendo que, se pode enganar os homens pelas aparências, não se pode enganar a Deus." (Lázaro, Paris, 1861.) (ESE, Cap. IX n.6.)

Foi preciso, amigo leitor, por que não dizer, indispensável acrescentar estes maravilhosos esclarecimentos e alertas que, por vezes, nos impelem aos cuidados, sobretudo, à vigilância interior.

Quanto ao que nos disse o Mestre quando avisou que os mansos herdarão a Terra, muitos podem até pensar: por que Jesus disse que eles possuirão a Terra e não o Céu, já que sempre nos ensinou a renunciar aos bens do mundo em favor do Céu?

Porém, o que o Cristo na realidade quis dizer é que, naquela época, como hoje, o mundo a despeito de tanto desenvolvimento material inda sofre muitas injustiças causadas pelos violentos e orgulhosos; os considerados grandes no mundo são geralmente, os que humilham os fracos e necessitados e os que retardam o progresso evolutivo do Planeta. Estes, frequentemente, possuem o supérfluo enquanto há os que não têm nem mesmo o necessário. A

Doutrina Consoladora nos esclarece que, quando a lei do amor e da caridade for à lei dos povos não haverá mais egoísmo nem tampouco orgulho; isto acontecerá ao Planeta, pois como em tudo no mundo, ele está sujeito a lei do progresso. E mais: conforme a promessa de Jesus, o mundo será então a morada dos pacificadores e mansos onde não haverá lugar senão para os bons.

Para alcançarmos os bens do Céu, precisamos evidentemente ainda dos bens da Terra para desenvolvermos o Ser; pode-se até comparar com um trabalhador que, para galgar uma posição mais elevada em uma empresa, precisa merecer, precisa mostrar competência e lealdade para tal. Eis que o Pai Celeste é ainda mais previdente: Ele nos confia a administração dos bens e recursos com os quais vivemos atualmente para que possamos nos desenvolver através do trabalho edificante e do aprimoramento interior que nos conduz seguramente ao progresso moral, asa insubstituível da evolução.

O homem verdadeiramente brando, abnegado e fraterno, vê o seu semelhante como irmão, 'filho do mesmo Pai'. O homem de bem, que sabe administrar e aproveitar os bens e recursos com os quais vive, procura exemplificar os ensinamentos do Cristo com tenacidade, progride dia a dia vivendo já seu progresso moral que é o caminho que leva à felicidade sem fim; mais ainda: continuará vivendo na Terra, segundo a promessa do próprio Jesus Cristo.

Urge lembrarmos que o homem atingiu considerável progresso intelectual nesta fase da Humanidade; entretanto, este desenvolvimento se torna impotente diante do pequeno crescimento moral. O homem costuma usar este adiantamento intelectual para interesses e vantagens meramente pessoais causando um retardamento no conjunto da lei do progresso. Contudo, convém lembrar que este retardamento atrapalha, porém não pára o desenvolvimento evolutivo do mundo.

Vejamos em alguns trechos de grande importância o que escreveu o sábio Allan Kardec sobre o mecanismo desta lei, no livro – A Gênese – capítulo, XVIII item 2:

"Tudo é harmonia na Criação; tudo revela uma providência que não se desmente nem nas menores coisas, nem nas maiores; devemos pois, desde o início, afastar toda idéia de capricho, inconciliável com a sabedoria divina; em segundo lugar, se nossa época é marcada para a realização de certas coisas, é que elas têm sua razão de ser na marcha do conjunto.

Isto posto, diremos que nosso globo, como tudo quanto existe, está sujeito à lei de progresso. Progride fisicamente pela transformação dos elementos que o compõem, e moralmente pela purificação dos Espíritos encarnados e desencarnados que o povoam. Estes dois progressos se seguem e caminham paralelamente, pois a perfeição da morada está relacionada com a do habitante. Fisicamente, o globo passou por transformações, constatadas pela ciência, e que sucessivamente o tornaram habitável por seres mais e mais aperfeiçoados; moralmente, a Humanidade progride pelo desenvolvimento da inteligência, do senso moral e do abrandamento dos costumes. Ao mesmo tempo que a melhoria do globo se opera sob o império das forças materiais, os homens concorrem para ela, pelos esforços de sua inteligência; saneiam as regiões insalubres, tornam as comunicações mais fáceis e a Terra mais produtiva."

Nesse mesmo item (2), Kardec finaliza:

"(...) Portanto, quando a Humanidade está madura para franquear um grau, pode-se dizer que os tempos marcados por Deus chegaram, como se pode dizer também que em tal estação, são chegados os tempos para a maturidade dos frutos e a colheita."

Amigo leitor, o Codificador Kardec em sua obra, A Gê-

nese, vai mais fundo no mesmo capítulo sobre a lei do progresso, despertando-nos a atenção e fortalecendo nossa alma na jornada redentora.

Observemos mais adiante o item, 5:

"A Humanidade realizou até hoje incontestáveis progressos; os homens, por sua inteligência, chegaram a resultados que jamais atingiram, sob o ponto de vista das ciências, das artes e do bem-estar material; resta-lhes ainda um imenso progresso a realizar: é o de fazer reinar entre eles a caridade, a fraternidade e a solidariedade para assegurar o bem-estar moral. Tal não lhes era possível, nem com suas crenças nem com suas instituições envelhecidas e superadas. Restos de uma outra era, boas numa certa época, suficientes para um estado transitório, mas que, tendo dado o que comportavam, seriam hoje um ponto de parada. Já não é mais somente o desenvolvimento da inteligência o que os homens necessitam; é a elevação do sentimento, e por isso é preciso destruir tudo quanto possa excitar neles o egoísmo e o orgulho."

Não desanimemos diante de tanto obstáculo contrário ao progresso moral; verifiquemos com atenção em – A Gênese – no item, 11:

"A previsão dos movimentos progressivos da Humanidade nada tem de surpreendente para seres desmaterializados que vêem o objeto para o qual tendem todas as coisas, pois alguns deles possuem o pensamento direto de Deus, e são os que julgam, nos movimentos parciais, o tempo no qual se poderá realizar o movimento geral, como se estima o tempo que necessitará uma árvore para frutificar, como os astrônomos calculam a época de um fenômenos astronômico pelo tempo que um astro leva para realizar sua revolução."

O item 13 complementa esclarecendo-nos que o progresso moral atingirá seu objetivo. Vejamos:

"A marcha progressiva da Humanidade opera-se de duas maneiras, como temos dito: uma gradual, lenta, insensível, se consideram as épocas próximas, que se traduz por melhorias sucessivas nos costumes, nas leis, nos usos, e não se percebe se não à distância, como as mudanças que as concorrentes d'água realizam na superfície do globo; outra, por movimentos relativamente bruscos, rápidos, semelhantes àqueles de uma torrente que rompe seus diques, que lhe fazem franquear em alguns anos o espaço que levou séculos a percorrer. É então um cataclismo moral que traga em alguns instantes as instituições do passado, e ao qual sucede uma nova ordem de coisas que se assenta aos poucos, à medida que a calma se restabelece e se torna definitiva.

A quem viver tempo bastante para abarcar as apresentações da nova fase, parecerá que um mundo novo haja saído das ruínas do antigo; o caráter, os costumes, os usos, tudo mudou; é que com efeito sugiram homens novos, ou melhor; regenerados; as idéias adotadas pela geração que se extingue deram lugar às idéias novas da geração que se eleva."

Eis que teremos de nos preparar para vivermos num mundo melhor, onde só o progresso moral afastará os obstáculos. Para completar; embora saibamos que os maiores empecilhos da felicidade e do progresso evolutivo do homem são o egoísmo e o orgulho, observemos atentamente - O Livro dos Espíritos - Cap. VIII n. 785, o que responderam as vozes do Alto a Allan Kardec diante da seguinte pergunta:

"Qual é o maior obstáculo ao progresso?

– O orgulho e o egoísmo. Quero falar do progresso moral, porque o progresso intelectual caminha sempre e, à primeira vista, parece dar a esses vícios um redobramento de atividade, desenvolvimento a ambição e o amor das riquezas que, a seu turno, excitam o homem às procuras que esclarecem seu Espírito. É assim que tudo se tem no mundo moral como no mundo físico e que do mal mesmo pode surgir o bem. Mas esse estado de coisas é breve e mudará, à medida que o homem compreenda melhor que há, fora dos prazeres dos bens terrenos, uma felicidade infinitamente maior e infinitamente mais durável."

Atualmente a asa do progresso material em nosso Planeta nos traz grandes transformações e desenvolvimento. Em particular, no campo da ciência, significantes descobertas foram realizadas, no da tecnologia gigantescos progressos nos surpreendem a cada dia; tudo isso, sem sombra de dúvida, é muito bom, no entanto, olhemos para o outro lado da asa, a da moral; esse pouco progrediu.

Jesus ensinou a paciência e a brandura com seus próprios exemplos, mostrando a real conduta cristã. Porém, jamais determinou aos seus discípulos que aceitassem atitudes errôneas que, infelizmente envolvem o mundo; muito pelo contrário, mesmo injustiçado e violentado, portou-se com mansidão e sabedoria, carregando sua cruz com verdadeira tolerância. Jamais revidou com violência em algum momento, mas nunca aceitou acomodação com as trevas em que mergulha grande parte das criaturas.

Enfim, a brandura é, pois, um sentimento nobre, é também um progresso moral, filha do amor e irmã da caridade. Por isso, ela é transformadora, deve e precisa ser exemplificada. Contudo, evitemos rótulos que se descolam com o tempo e sejamos discípulos do mestre maior; construindo e reconstruindo na preparação de um mundo mais justo e bom, para que a Terra transformada receba um dia a colheita dos trabalhadores que acreditaram e continuam acreditando nas sementes de amor e de paz que outrora foram plantadas pelo Divino Pastor; Jesus de Nazaré.

"Assim que, se alguém está em Cristo, nova criatura é; as coisas velhas já passaram; eis que tudo se fez de novo." (Paulo – II Coríntios, 5:17.)

Façamos sempre a nossa parte. Com Jesus tudo evolui, tudo deve ser renovado.

Só com a tolerância e a brandura o homem consegue progredir moralmente.

Um pássaro não poderá levantar vôo com uma das asas atrofiadas.

Lembremo-nos sempre do Mestre Divino que, para nos trazer a boa nova, aniquilou a si próprio. Sendo Ele o Emissário de Deus, ingressou na terra nascendo na palha, passou a servir e, como servo foi crucificado.

Verdadeiramente:...os mansos herdarão a Terra; jamais duvidemos disso.

Capítulo 4

Compreensão, Amor e Recompensas

"Bem-aventurados os que têm fome e sede de justiça, porque eles serão fartos." (Mateus Cap. V. v. 6.)

"Como se pode definir a justiça?

– A justiça consiste no respeito aos direitos de cada um.

O que determina esses direitos?

– São determinados por duas coisas: a lei humana e a lei natural.

(...) O direito dos homens, portanto, nem sempre é conforme à justiça. Só regula algumas relações sociais, enquanto na vida privada há uma infinidade de atos que são de competência exclusiva do tribunal da consciência.

(...) O critério da verdadeira justiça é de fato o de se querer para os outros aquilo que se quer para si mesmo, e não de querer

para si o que se deseja para os outros, o que não é a mesma coisa. Como não é natural que se queira próprio mal, se tomarmos o desejo pessoal por norma ou por ponto de partida, podemos estar certos de jamais desejar para o próximo senão o bem. Desde todos os tempos e em todas as crenças o homem procurou sempre fazer prevalecer o seu direito pessoal. O sublime da religião cristã foi tomar o direito pessoal por base do direito do próximo." (O Livro dos Espíritos, Cap. XI, Q. 875 e 876.)

Serão fartos todos aqueles que sofrem injustiça na Terra, pois receberão (pela *resignação*) a recompensa Divina quando daqui partirem. Esta é a lei de Deus. É natural a compensação futura para os injustiçados, os que sofrem e têm fome e sede de justiça, mesmo porque se trata da promessa do Mestre Jesus, Emissário de Deus que é Todo Bondade e justiça.

Em osso país, como em outros, onde a pobreza e a desigualdade prevalecem, a justiça humana acontece, mas *parcialmente*, pois os mais ricos têm privilégios e direitos assegurados, enquanto os mais pobres ficam a mercê da sorte. É este desequilíbrio que compromete os menos favorecidos, os que são desprovidos de recursos e bens materiais, causando assim, a miséria e as tristes situações em que vivem nossos irmãos da 'rua'; se é que se pode considerar viver, uma mãe que, completamente relegada ao relento, tem seus filhos debaixo de viadutos... Crianças que perdem a infância pedindo esmolas, prostituindo-se e drogando-se, tornando-se alvo em potencial das más influências dos menos esclarecidos, morando em bueiros, como se tem notícia, alimentando-se nos lixos, ao tendo direito sequer a moradia, nem tampouco à saúde – será isso viver?!

Infelizmente, tudo isso é fruto de uma sociedade egoísta, desarmoniosa, que procura progredir passando, muitas vezes, como se fossse um trator, por cima dos fracos, colocando seus interesses pessoais acima do bem comum e, com isso, retardando o processo evolutivo da Humanidade.

Não há, pois, bem-estar completo onde houver crianças desamparadas, passando fome e morrendo à míngua. É impossível conviver com equilíbrio, tranquilidade e segurança numa sociedade onde o egoísmo predomina, onde o interesse mesquinho impera maldosamente. Ainda assim, vemos um grande número de abastados juntarem verdadeiras montanhas de bens materiais, como se fossem viver milênios.

Um mundo melhor, mais harmonioso e sem violência é dever de todos e não depende só dos governantes, como querem muitos. Todos somos responsáveis.

Efetivamente, não haverá desenvolvimento nem progresso moral sem legítima fraternidade, sem igualdade, sem direitos respeitados, sem saúde, sem educação, sem moradia digna. Enfim, sem amor mútuo, não há aperfeiçoamento interior, nem tampouco felicidade real. Enquanto o homem não combater os principais problemas que afligem a Humanidade – dentre eles o mais perigoso é o egoísmo – vamos continuar sofrendo e chorando.

Diante deste quadro tão triste que atinge principalmente os deserdados do mundo, os que nascem na palha, os que passam por privações dolorosas e que se vêem diante de humilhantes situações, sem que para isso tivessem contribuído, podemos achar, quase sempre, explicações, ou melhor, as causas de tais dificuldades em vidas pregressas, de onde cada um traz consigo débitos para serem ressarcidos e provas a serem superadas, podendo ser a miséria de uma destas provas. Mas, perante esta realidade, será que se justifica a nossa omissão, refugiando-nos em alegar que a culpa é do governo e que, segundo a lei de causa e efeito, não há nada o que fazer a não ser chorar?

Na maioria das vezes, quando nos confrontamos com estes fatos preocupantes dos quais queremos destacar a – injustiça social – negligenciamos quando insistimos em achar que os governantes são os únicos responsáveis por estes desequilíbrios. Eis, aí, a atitude do comodismo, do individualismo tão frequente entre nós.

Entretanto, raro é nos colocarmos em ação, colaborando no que for preciso para que as leis de *justiça e amor* venham a ser praticadas em sua plenitude, *- será que não somos também responsáveis? ...*

Evidentemente, todos nós possuímos responsabilidades e deveres no conjunto da lei do progresso, principalmente no que se refere à exemplificação d amor e da justiça, especialmente entre os menos felizes, pois não devemos esquecer que, com a *pluralidade das existências* e a própria lei de *causa e efeito*, muitas vezes trocamos de situação ou de condição a cada reencarnação a fim de resgatarmos as nossas faltas passadas, bem como, para nos aprimorarmos na escalada evolutiva.

A propósito, não é porque serão fartos 'os que sofrem e têm fome de justiça' que vamos cruzar os braços dando por vezes desculpas esfarrapadas! Aí está uma oportunidade que nos fará, dependendo de nossa tenacidade na atuarão na seara do bem, verdadeiros discípulos do Mestre Maior.

Temos de reconhecer que muitas oportunidades nos surgem no caminho convidando-nos à fraternidade, a fazermos a nossa parte na construção de um mundo melhor e mais justo.Contribuição pequena como acham muitos, mas por menor que nos pareça, diante das nossas imperfeições e dos obstáculos, ela é de grande importância no desenrolar de toda ação contínua em seu curso natural.

Tudo precisa ser desenvolvido paulatina e progressivamente... Nada se perde nem fica em vão. Toda a semente plantada para o bem, com o sentimento do amor e da justiça, frutificará produzindo uma colheita de paz e harmonia.

Recordemos com atenção a maravilhosa parábola da 'figueira estéril', pois ela nos serve de exemplo e alerta:

"E dizia esta parábola: Um certo homem tinha uma figueira plantada na sua vinha, e foi procurar nela fruto, não o achando;

E disse ao vinhateiro: Eis que há três anos venho procurar fruto nesta figueira e não o acho. Conta-a; por que ocupa ainda a terra inutilmente?

E, respondendo ele, disse-lhe: Senhor, deixa-a este ano,

até que eu a escave e a esterque; e, se der fruto, ficará e, se não, depois a mandarás cortar." (Lucas – 13:6.9).

Caro leitor, esta parábola de Jesus nos conduz a uma reflexão cuidadosa, pois a figueira improdutiva ou estéril, na verdade, simboliza os homens que frequentemente aparentam o bem, mas que nada fazem para exemplificá-lo; é também os que detêm boa oratória, que proferem belas palavras agradando aos seus ouvintes, mas que não passam disso. Seus corações nada têm a ver com o que dizem. A figueira estéril nada mais é que aqueles que possuem a oportunidade de serem úteis e não o são. Ora, não basta só falar da caridade e não pô-la em prática, como também possuir faculdades e riquezas materiais e só usá-las em proveito próprio. Isso é infertilidade!

E mais: a Doutrina Espírita nos explica que a figueira estéril representa o discípulo infiel, improdutivo, que não dá testemunho da justiça nem tampouco do amor; é como já dissemos, grandes oradores, mas que não possuem sentimento no que dizem. São árvores que só têm folhas, embora verdes, mas são improdutivas.

A árvore que ocupa lugar na terra e não produz frutos é considerada estéril e chegará o dia em que secará até as raízes.

Procuremos viver à semelhança de uma bela e frutífera árvore, que tem seus frutos saudáveis em todas as estações, onde todos, sentindo o calor produzido pelo sol, possam ainda se abrigar sob sua acolhedora sombra.

Partilhemos, leitor amigo, de alguns trechos de muita luz que nos convidam com amor a exercermos a fraternidade e a beneficência. Vejamos:

"*A beneficência, meus amigos, dar-vos-á neste mundo os mais puros e doces gozos, as alegrias do coração que não são perturbadas nem pelos remorsos nem pela indiferença. Oh! Pudésseis entender tudo o que encerra de grandioso e de doce a generosidade das belas almas, esse sentimento que faz com que se olhe o próximo com o mesmo olhar com que se olhe a si próprio, que se dispa com alegria para vestir seu irmão. Pudésseis meus amigos, não ter outra ocupação mais doce do que fazer os outros felizes! Quais serão as festas mundanas que podereis comprar com estas alegres festas, em que, representantes da divindade, proporcionais alegria a essas pobres famílias que conhecem da vida senão as vicissitudes e as amarguras. Quando de repente vedes essas faces macilentas brilharem de esperança, porque não tinham pão, esses infelizes e seus filhinhos, ignorando que viver é sofrer, gritavam, choravam e repetiam estas palavras que se cra-*

vavam como um gládio agudo no coração maternal: "Tenho fome!..." Oh! Compreendei quão deliciosas são as impressões daquele que vê renascer a alegria onde, um instante antes, só via desespero! Compreendei quais são vossas obrigações para com vossos irmãos! (ESE, Cap. XIII, n. 11.)

Observemos no trecho a seguir, o convite à felicidade eterna:

"Sede bons e caridosos. É a chave dos céus que tendes em vossas mãos. Toda a felicidade eterna está encerrada nesta máxima: amai-vos uns aos outros. *A alma não pode elevar-se às regiões espirituais a não ser pelo devotamento ao próximo. Ela só encontra felicidade e consolação nos impulsos da caridade. Sede bons, erguei vossos irmãos. Deixai de lado a horrível praga do egoísmo. Este dever cumprido deverá abrir-vos a estrada da felicidade eterna."* (ESE, Cap. Idem, n.12.)

Mas a Espiritualidade nos alerta:

"Todos vós podeis dar. A qualquer classe a que pertençais, tendes alguma coisa que podeis dividir. Seja o que for que Deus vos haja dado, deveis uma parte disso àquele a quem falta o necessário porque, no lugar deles, estaríeis bem contentes se alguém viesse dividir convosco. Vossos tesouros da Terra ficarão um pouco menores, mas vossos tesouros no céu serão mais abundantes. Vós colhereis o cêntuplo do que

houverdes semeado em benefício aí na Terra." (ESE, Cap. Idem, n.16.)

A Humanidade atingirá o seu estado de bem-estar e de progresso geral à medida que os habitantes se organizarem e se conscientizarem do mecanismo que compõe as leis que regem o universo; contudo, convém lembrar que este processo evolutivo depende efetivamente do uso eficaz da inteligência no combate às deficiências: miséria, desigualdade e injustiça, que por suas vezes, emperram a marcha do progresso redentor.

Observemos o que nos diz Allan Kardec, em – A Gênese – a este respeito, capítulo, III n.4:

"O Homem recebeu como partilha uma inteligência com cujo auxílio pode anular, ou pelo menos em grande parte atenuar, os efeitos de todos os flagelos naturais; quanto mais saber adquire, e mais avança em civilização, menos desastrosos tais flagelos; com uma organização social sabiamente previdente poderá mesmo neutralizar as suas conseqüências, uma vez que não as poderá evitar totalmente. Deus deu ao homem, pelas faculdades de que dotou o seu Espírito, os meios de paralisar no futuro até mesmo os efeitos daqueles flagelos que têm sua utilidade no quadro geral da Natureza, os quais, contudo atualmente atingem os homens no presente.

É assim que ele saneia os terrenos insalubres, neutraliza os miasmas pestilentos, fertiliza os terrenos incultos, e exerce seu engenho na preservação das inundações; edifica para si habitações mais sadias, mais sólidas, a fim de resistir aos ventos tão necessários à purificação da atmosfera, e coloca-se ao abrigo das intempéries; é assim, enfim, que pouco a pouco, a necessidade o estimula à criação das ciências, com cujo auxílio melhora as condições de habitabilidade do globo e aumenta a soma do bem-estar."

Enfim, diante das injustiças dos homens e dos sofrimentos, reações naturais de causas anteriores, portanto, efeitos que fazem parte integrante do processo evolutivo do homem através das reencarnações sucessivas, elevemos o pensamento a Deus – Pai Criador do Universo que é Todo Bondade e Justiça – e peçamos a Ele que nos fortaleça na jornada redentora; porém, saibamos caminhar na senda da compreensão e ofereçamos aos nossos irmãos necessitados a luz da caridade, filha legítima do amor e irmã gêmea da fraternidade, recordando as palavras do Divino Mestre:

"Não necessitam de médico os que estão sãos, mas sim os que estão enfermos." (Lucas - 5:3.1).

Pratiquemos a conduta cristã, confiando plenamente

na justiça Divina e, envolvidos com Jesus, procuremos nos educar para transformarmos a irracionalidade em inteligência, a inteligência em fraternidade e a fraternidade em amor mútuo, hoje e sempre, pois só assim, nos tornaremos Seus embaixadores.

Foi por isso que Ele nos disse:

"*Nisto todos conhecerão que sois meus discípulos: se vos amardes uns aos outros.*" (João – 13:35).

A Justiça Divina jamais falta em seu cumprimento.

Só o amor mútuo excluirá o sofrimento
e a injustiça social.

Aprendamos a observar o mecanismo da Justiça
de Deus e façamos sempre a nossa parte na
exemplificação dos ensinamentos do Mestre Jesus.

Só através da compreensão e do amor fraternal,
receberemos a luz da recompensa.

Capítulo 5

A Misericórdia Ativa e o Progresso

"Bem-aventurados os misericordiosos, porque eles alcançaram a misericórdia." (Mateus Cap. V. v. 7.)

"Quantas vezes perdoarei a meu irmão? Perdoá-lo-eis, não sete vezes, mas setenta vezes sete. Eia uma dessas palavras de Jesus que mais devem calar em vossa inteligência e falar mais alto ao vosso coração. Comparai essas palavras misericordiosas com a oração tão simples, tão resumida e tão grande nas suas aspirações, que Jesus ensinou aos seus discípulos, e encontrareis sempre o mesmo pensamento. Jesus, o justo por excelência, responde à Pedro: Perdoarás, mas sem limites; perdoarás cada ofensa, tantas vezes quantas ela te for feita; ensinarás a teus irmãos esses esquecimento de si mesmo que torna invulnerável à agressão, aos maus procedimentos e às injúrias; serás meigo e humilde de coração, não medindo jamais tua mansuetude; farás, enfim, o que desejas que o Pai Celestial faça por ti. Não tem Ele de te perdoar sempre, e conta Ele o número de vezes que o perdão vem apagar tuas faltas?" (O Evangelho Segundo o Espiritismo, Cap. X n. 14.)

O sentimento da misericórdia faz parte da mansidão e da doçura. Quem possui estas qualidades morais vê seus semelhantes como irmãos, filhos do mesmo Pai. Com efeito, à medida que usamos com o próximo, o nosso Pai Celeste usará conosco. O homem realmente misericordioso é pacífico, é compreensivo, se compadecer dos erros alheios, sendo prestativo, pois ele tem consciência de que é deficiente também; perdoa e esquece as ofensas. E faz mais: solicita para seus agressores a misericórdia de Deus.

Mas, frequentemente, no ato de perdoar os outros, nos colocamos no lugar de vítimas; entretanto, raro é procurarmos entender e nos transferir para o lugar dos que estão equivocados e necessitam de compreensão. Infelizmente, muitas pessoas perdoam, mas não compreendem e, quando compreendem, geralmente não perdoam. Portanto, estas duas atitudes, perdoar e compreender, são efeitos da misericórdia e complementos do amor.

Diante de qualquer divergência ou ofensa que venhamos a sofrer de nossos semelhantes, evitemos condenações e perguntemo-nos:

— Como podemos pedir a Deus na prece: "*perdoai nossas ofensas assim como perdoamos aos nossos agressores...*" se não procuramos verdadeiramente colocar em prática o que nos comprometemos a fazer na prece?

— Será a misericórdia uma atitude tão difícil de ser praticada?

A questão é que é impossível ao homem exercer a misericórdia sem renúncia, sem procurar compreender o mecanismo da lei de causa e efeito. Mesmo porque ninguém consegue praticar com eficácia aquilo que ainda não compreende. Se sentirmos compaixão da dor alheia, mas não praticamos algo de concreto para minimizar o sofrimento desse próximo, não estamos exercendo a misericórdia real. Seria o mesmo que a vontade sem ação. Ora, este sentimento sublime vai além do perdão e da compreensão para com os nossos semelhantes. A misericórdia é, sobretudo ação, é pois a prática da caridade em sua plenitude.

É oportuno, amigo leitor, para a compreensão desta realidade, recordarmos a parábola do bom samaritano ensinada por Jesus. Observemos então:

"*E eis que se levantou um certo doutor da lei, tentando-o, e dizendo: Mestre, que farei para herdar a vida eterna?*

E ele lhe disse: — Que está escrito na lei? Como lês?

E, respondendo ele, disse: — Amarás ao Senhor teu

Deus de todo o teu coração, e de toda a tua alma, e de todas as tuas forças, e de todo o teu entendimento, e ao teu próximo como a ti mesmo.

E disse-lhe: – Respondeste bem; faze isso, e viverás.

Ele, porém, querendo justificar-se a si mesmo, disse a Jesus:

– E que é o meu próximo?

E, respondendo Jesus, disse: Descia um homem de Jerusalém para Jericó, e caiu nas mãos dos salteadores, os quais o despojaram, e espancando-o, se retiram, deixando-o meio morto.

E, ocasionalmente descia pelo mesmo caminho certo sacerdote; e, vendo-o passou de largo.

Mas um samaritano, que ia de viagem, chegou ao pé dele e, vendo-o, moveu-se de íntima compaixão;

E, aproximando-se, atou-lhes as feridas, deitando-lhes azeite e vinho; e, pondo-o sobre a sua cavalgadura, levou-o para uma estalagem, e cuidou dele;

E, partindo no outro dia, tirou dois dinheiro, e deu-os ao hospedeiro, e disse-lhe: Cuida dele; e tudo o que de mais gastares eu te pagarei quando voltar.

Qual, pois, destes três te parece que foi o próximo daquele que caiu nas mãos dos salteadores?

E ele disse: O que usou de misericórdia para com ele. Disse, pois, Jesus: Vai, e faze da mesma maneira." (Lucas - 10:25,37).

Nesta passagem narrada pelo apóstolo Lucas, podemos observar que tanto o sacerdote quanto o levita tiveram compaixão pelo homem ferido no caminho, mas só o samaritano teve por ele o verdadeiro sentimento da misericórdia. Mesmo assim, muitos ainda, diante das luzes da maravilhosa parábola, se perguntam:

– Mas quem de fato é meu próximo mais próximo?

É imprescindível lembrar que é não só os que carecem de socorro material, mas também os que precisam de apoio moral, sobretudo, os que necessitam de paciência, compreensão e indulgências. Logo, o Messias recomenda-nos a misericórdia ativa, no recanto do lar, entre os pais e irmãos, no trabalho, entre os companheiros de ideal', com superiores e subalternos, na rua, com as crianças e pessoas que encontramos... Enfim, estendamos a compreensão e a misericórdia, entre os que nos trazem problemas, aos que não concordam conosco, entre os que exigem de nós resistência, calma e paciência, com aqueles que não nos têm simpatia... Certamente, todos estes são, sem nenhuma dúvida, oportunidades em que nos envolve a misericórdia de Deus, convidando-nos a ingressar na senda da luz.

Procuremos proceder como o bom samaritano e exemplifiquemos a misericórdia ativa, compreendendo que, é impossível ao homem evoluir, sem antes consagrar-se ao exercício da caridade em prol de seus semelhantes; mas é preciso, sobretudo, manter-se envolvido nos ensinamentos do Divino Mestre na ação e reação.

Nunca é demais lembrar que, entre tantos obstáculos à prática da misericórdia e da fraternidade entre as criaturas, o maior e o mais difícil de se combater é ainda o orgulho: monstro que dificulta o princípio evolutivo da Terra e por conseguinte, o progresso moral da Humanidade. Efetivamente, para que possamos evoluir com Jesus, se faz necessário concentrarmos todas as nossas forças no combate a esta lepra da alma, o orgulho, pois é este sentimento pequeno que faz, em geral, o homem considerar-se superior aos outros e, por conta disso, ser indiferente à dor alheia.

Vejamos no livro – Obras Póstumas – la. parte, o que Kardec nos diz a este respeito em um pequeno trecho a seguir:

"*Não podem os homens ser felizes, se não vivem em paz, isto é, se não os animar um sentimento de benevolência, de indulgência e de condescendência recíprocas; numa palavra: enquanto procurarem esmagar-se uns aos outros. A caridade e a fraternidade resumem todas as condições e todos os deveres soci-*

ais; uma e outra, porém, pressupõem a abnegação. Ora, a abnegação é incompatível com o egoísmo e o orgulho; logo com esses vícios, não é possível a verdadeira fraternidade, nem, por conseguinte, igualdade, nem liberdade, dado que o egoísta e o orgulhoso querem tudo para si."

Verdadeiramente, não há completa misericórdia entre os homens, se não combatermos o principal empecilho, o orgulho. Continuemos caro leitor, com os esclarecimentos de Allan Kardec:

"Eles (o orgulho e o egoísmo)[1] serão sempre os vermes roedores de todas as instituições progressistas; enquanto dominarem, ruirão aos seus golpes os mais generosos sistemas sociais, os mais sabiamente combinados. É belo, sem dúvida, proclamar-se o reinado da fraternidade, mas, para que fazê-lo, se uma causa destrutiva existe? É edificar em terreno movediço; o mesmo fora decretar a saúde numa região malsã. Em tal região para que os homens passem bem, não bastará se mandarem médicos, pois que estes morreram como os outros; insta destruir as quais as causas da insalubridade. Para que os homens vivam na Terra como irmãos, não basta se lhes dêem lições de mo-

[1] Nota do autor

ral; importa destruir as causas de antagonismo, atacar a raiz do mal: o orgulho e o egoísmo."

Portanto, diante das explicações elevadas do Codificador; é imprescindível e indispensável procurar-mos através das exemplificações dos ensinamentos de Jesus, os remédios para a cura desse mal. Para tanto, é preciso desenvolvermos a vontade e o querer; objetivar as nossas atitudes para o bem comum.

"*Bem-aventurados os misericordiosos porque eles alcançarão misericórdia*" disse-nos Jesus mostrando o caminho da felicidade maior.

Um procedimento positivo que contribui beneficamente para o desenvolvimento desta prática edificante e compensadora é o auto-conhecimento de si próprio tal como nos ensinou um dos precursores das idéias cristãs e do Espiritismo, o filósofo ateniense Sócrates, através de sua celebre frase: *Conhece-te a ti mesmo.* Com o conhecimento interior, o homem tem melhores condições de vencer suas más tendências combatendo-as em suas origens e o resultado é o desenvolvimento da conscientização que leva a errar menos adquirindo aos poucos qualidades morais enobrecedoras.

Sigamos também os conselhos de Santo Agostinho, (ver no O Livro dos Espíritos, Q.919) interrogando frequentemente a nossa consciência ao final de cada dia. Em suma, é fundamental a vigilância constante de nossos pensamentos e ações, recordando a máxima de cristo: "Orai e vigiai". Assim, efetivamente conseguiremos conhecer melhor as nossas faltas e por vezes combatê-las em suas origens.

Perguntemo-nos com frequência:

— Estou procurando agir com equilíbrio e sensatez no exercício de minha reforma interior?

— Existe outra maneira de melhorar, evoluir e o conquistar o bem-estar íntimo a não ser pela verdadeira abnegação e trabalho na seara do bem?

— Procurei com sinceridade entender as faltas de meu semelhante sem pô-las em evidência e o ajudei a apaziguar suas dores à luz da misericórdia sem estar pensando no reconhecimento inoportuno?

— Por acaso, hoje, dei exemplos de amor, no mais profundo sentido da palavra, em favor do próximo, compreendendo os irmãos irritadiços de toda ordem com calma e paciência?

Amparei com palavras de fé e esperança aquele companheiro que, habituado ao negativismo, se envolveu no desespero?

– Perdoei de verdade o irmão equivocado que errou contra mim, rogando para ele a misericórdia de Deus?

– Serão os meus procedimentos os mesmo que Jesus recomenda?

Quando nos questionamos frequentemente, ganhamos consciência, ficamos em estado de vigília e adquirimos mais responsabilidades. Reflitamos no trecho a seguir sobre o que nos esclarece Kardec no livro – O Céu e o Inferno – Cap. VII n. 32 em diante:

"Isto posto, nada mais justo que a liberdade de ação a cada um concedida. O caminho da felicidade a todos se abre como a todos as mesmas condições para atingi-la. A lei, gravada em todas as conseqüências, a todos é ensinada. Deus fez da felicidade o prêmio do trabalho e não do favoritismo para que cada um tivesse seu mérito.

Todos somos livres no trabalho do próprio progresso e aquele que muito e depressa trabalha, mais cedo recebe a recompensa. O romeiro que se desgarra, ou em caminho perde tempo, retarda a marcha e não pode queixar-se senão de si mesmo.

O bem como o mal são voluntários e facultativos: livre, o homem não é fatalmente impelido para um nem para outro."

Procuremos sempre nos vigiar e procedamos em sintonia com as leis de Deus aprendendo a avaliar os nossos pensamentos e ações antes de pô-las em prática e, com isso, poderemos nos conduzir pela senda do progresso. Porém é preciso, como dissemos anteriormente, *querer mudar*. Para completar os esclarecimentos de Allan Kardec, prestemos atenção neste outro pequeno trecho:

"...Podendo todo homem libertar-se das imperfeições por efeito da vontade, pode igualmente anular os males consecutivos e assegurar a futura felicidade.

A cada um segundo suas obras, no Céu como na Terra: essa é a lei da Justiça Divina."

Verdadeiramente, somos seres dotados de forças extraordinárias, possuímos o livre arbítrio, atributo que nos faculta o mérito das boas ações e o sofrimento pelas atitudes errôneas e impensadas. Portanto, somos inteiramente responsáveis pelos nossos atos, sejam eles bons ou ruins. Se erramos sem termos conhecimento anterior, mesmo assim, somos responsáveis; se cometermos erros conscientemente, ou seja, tendo conhecimento de que se trata de uma atitude incorreta, somos duplamente culpados.

Cumpre-nos, portanto, a compreensão destas verdades imutáveis e o dever de lutarmos constantemente para extirparmos o orgulho de nossas vidas. Será, sem sombra de dúvida, uma luta difícil.

O sábio missionário Allan Kardec nos responde sobre a possibilidade da eliminação dos maiores obstáculos ao progresso.

Vejamos:

"Será possível a destruição do orgulho e do egoísmo?

Responderemos alto e terminantemente: — Sim.

Do contrário, forçoso seria determinar um ponto de parada ao progresso da Humanidade." (Obras Póstumas, 1a. Parte).

Assim sendo, caro leitor, peçamos aos nossos protetores espirituais o concurso luminoso para que possamos combater nossas faltas e deficiências e em prol dos nossos semelhantes, exerçamos a misericórdia ativa, lembrando que o aprendiz do Evangelho não se guarda da alegria de servir os irmãos de jornada terrena, pois o verdadeiro discípulo do Divino Mestre está para servir e espalhar a fraternidade juntamente com a igualdade em benefício de todos.

Se sentimos prazer em auxiliar e ajudar na prática da misericórdia ativa mais do que recebemos, naturalmente haverá mais felicidade em servir do que em ser servido, pois só assim avançaremos na escalada evolutiva à luz da misericórdia infinita.

Lembremo-nos sempre do nosso Pai Celeste que "*...faz o seu Sol se levante sobre maus e bons, e a chuva desça sobre justos e injustos.*" (Mateus – 5:45).

O homem que possui o sentimento da misericórdia ativa tanto perdoa quanto esquece as ofensas.

E mais: se compadece da dor alheia sendo prestativo no exercício da caridade.

É impossível a misericórdia sem ação.

O maior obstáculo à evolução da Humanidade é o orgulho, uma verdadeira lepra da alma.

Sentimentos e práticas da igualdade, liberdade e fraternidade devem e precisam ser exemplificadas juntas, jamais separadamente.

Capítulo 6

Em Regime de Fé Operante

"Porque em verdade vos digo que, se tiverdes fé como um grão de mostarda, direis a este monte: Passa daqui para acolá, e há de passar; e nada vos será impossível."
(Mateus, Cap. XVII, v. 20.)

"A resistência do incrédulo, convenhamos, tem menos a ver com ele muitas vezes do que pela maneira como lhe apresentam as coisas. A fé precisa de uma base e essa base é a inteligência perfeita daquilo que se deve crer. Para crer, não basta ver, é preciso, sobretudo compreender. A fé cega não é mais deste século. Ora, é precisamente o dogma da fé cega que hoje faz o maior número de incrédulos, porque ela quer impor-se e exige a abdicação de uma das mais preciosas prerrogativas do homem: a razão e o livre arbítrio. É essa fé contra a qual especialmente teima o incrédulo, e de que está certo ao dizer que ela não se impõe. Não admitimos provas, ela deixa no espírito um vazio onde nasce a

dúvida. A fé raciocinada, que se apóia sobre os fatos e sobre a lógica, não deixa nela nenhuma obscuridade. Crê-se porque se tem certeza, e só se tem certeza quando se compreendeu. Eis porque ela não se curva. Porque só é inabalável a fé que pode encarar a razão fase a fase em todas as épocas da Humanidade." (O evangelho Segundo o Espiritismo, Cap. XIX, n. 17.)

O poder da fé compreendida, posta em ação, gera efeitos maravilhosos nos aspectos físico e extra-físico e seus fluidos magnéticos, através da transmissão de pensamentos e da vontade, produzem resultados surpreendentes, embora naturais. Todavia convém lembrar que estes efeitos atuam principalmente pela compreensão das leis Divinas. É esse entendimento operoso que torna o homem seguro, paciente, humilde e abnegado, sobretudo porque confia em Deus mais do que em si próprio, colocando-se sempre em submissão à Sua vontade.

Em se tratando de 'monte' ou 'montanha' que a fé remove, certamente o Cristo se referiu às dificuldades e imperfeições oriundas de nossas próprias imprevidências, presentes e passadas que, por vezes, nos envolvem na trajetória evolutiva. Logo, são muitas as barreiras que urgentemente precisamos remover de nossas vidas: os vícios, os desequilíbrios, o fanatismo doentio (efeitos da fé cega), o apego material e o orgulho, verdadeiros 'montes' que nos separam do progresso e do bem-estar.

A Doutrina Consoladora anunciada por Jesus nos esclarece que até a caridade seria incompleta ou impotente sem *a* fé compreendida. Em outras palavras, só a fé renova e dá o entendimento tornando capaz e contínuo o exercício da fraternidade entre os homens, e mais: esta potência desenvolvida pelo pensamento e pela vontade supera os obstáculos que toda a prática edificante encontra em sua execução.

Vejamos, pois, o que nos diz a espiritualidade superior a este respeito:

"Há pouco tempo eu vos disse, meus caros filhos, que a caridade sem a fé não seria suficiente para manter entre os homens uma ordem social capaz de fazê-los felizes. Deveria ter dito que a caridade é impossível sem a fé. Podereis encontrar, é verdade, impulsos generosos entre as pessoas sem religião, mas essa caridade austera, que só pode ser exercida pela abnegação, pelo sacrifício constante de todo interesse egoísta, só a fé poderá inspirar, porque nada além dela nos faz carregar com coragem e perseverança a cruz da vida."

Mais adiante, finaliza consolando, com um alerta:

"Entretanto, tendes razão ao afirmar que a felicidade está destinada ao homem terreno, se a procurardes antes, ao nos prazeres materiais, mas no Bem. A história da cristandade nos fala dos mártires que caminhavam para o suplício com alegria. Hoje, na vossa sociedade, para ser cristãos já não se precisa enfrentar, nem o holocausto do martírio, nem o sacrifício da vida, mas única e simplesmente o sacrifício de vosso egoísmo, vosso orgulho e vossa vaidade. Triunfareis, se a caridade vos inspirar e se forres sustentados pela fé." (Espírito Protetor, Cracóvia, 1861.) (O Evangelho Segundo o Espiritismo, Cap. XI, n. 13).

Verifiquemos que a caridade necessita da fé para se fortalecer em seu curso natural, porém é preciso que esta fé seja realmente baseada na razão ativa pois, se não for assim, deixará de ser operosa e benéfica. A fé sem aça, ou seja, sem obras, é parcial, incompleta, e para ser atuante precisa estar em conjunto com a caridade fraternal. Podemos comparar a fé sem as boas obras a uma árvore que não produz frutos.

Observemos a parábola a seguir:

"Meus irmãos, que aproveita se alguém disser que tem fé, e não tiver as obras? Por ventura a fé pode te salvar?

E, se o irmão ou a irmã estiverem nus, e tiverem falta

de mantimento quotidiano. E algum de vós lhes disser: Ide em paz, aquentai-vos e fartai-vos; e não lhes derdes as coisas necessárias para o corpo, que proveito virá daí?

Assim também a fé, se não tiver as obras, é morta em si mesma.

Mas dirá alguém: Tu tens a fé, e eu tenho as obras; mostra-me a tua fé sem obras, e eu te mostrarei a minha fé pelas minhas obras. Bem vês que a fé cooperou com as suas obras, e que pelas obras a fé foi aperfeiçoada.

Vedes então que o homem é justificado pelas obras, e não somente de fé.

Porque, assim como o corpo sem o espírito está morto, assim também a fé sem obras é morta." (Tiago – 2:14 a 18 e 22, 24, 26.)

A verdadeira fé é ativa, jamais se acomoda. Eis que o Espiritismo é categórico na concordância das atitudes, fé e obras, conjuntamente, nunca separadas; mesmo porque um dos maravilhosos lemas desta Doutrina Abençoada é: "*Fora da caridade não há salvação.*"

Na passagem narrada por Tiago, Jesus nos chama a atenção para a grandiosa e fundamental tarefa cristã: as boas obras. Pensemos por uns instantes:

Como poderemos ensinar a um homem a força da fé

se ele estiver com fome e frio? Seria, pois, um despropósito falar-lhe de fé e equilíbrio enquanto ele estivesse faminto e com frio. É preciso antes suprir-lhe as necessidades físicas imediatas para depois encaminhá-lo aos ensinamentos cristãos e plantar-lhe a semente da fé raciocinada.

A rigor, só com a fé posta em ação atingiremos resultados positivos em nosso favor e em benefício do próximo objetivando o evangelho do Cristo como norma de conduta; entretanto é imperioso usarmos as nossas mãos no exercício do bem, pois o esforço com os braços é sem dúvida o melhor exemplo da fé operante – do contrário, os tropeços e quedas serão inevitáveis. Urge, nos colocarmos em ação, fortalecendo a nossa fé no exercício da caridade, pois o discípulo que exemplifica os ensinamentos de Jesus com carinho e sinceridade adquire, ao longo da luta, confiança, certeza e serenidade. No seu coração não haverá dúvidas nem tampouco medo.

É, pois, oportuno refletir e estudar o Evangelho frequentemente. Relembremos Jesus quando adormeceu dentro de um barco em que estavam presentes os seus discípulos e foram surpreendidos por uma tempestade. Apavorados, eles acordaram o Mestre notificando-o do perigo:

"E disse-lhes:

– *Onde está a vossa fé?*"(Lucas – 8:25).

Nesta passagem, o nosso Irmão Celeste mostra-nos outra grande montanha – o medo. Como pode um homem vencer as tribulações que lhe apareçam (superando faltas) se, ao primeiro sinal de tempestade, perder o controle?! Ora, o medo e a aflição levam ao desespero e, consequentemente a atitudes erradas, causando outras tantas barreiras negativas ao desenvolvimento da fé. Por isso, é preciso calma, atenção e equilíbrio, principalmente nos instantes difíceis. Ainda assim, muitos insistem em afirmar: "não é fácil..." Sejamos honestos! Tranquilidade quando tudo vai bem qualquer um pode ter e não requer sacrifício nem habilidade, tampouco inteligência. Contudo, manter-se calmo, procurando manter o equilíbrio consciente diante dos problemas da vida é que mostra a capacidade e a fé de um homem, pois ele sabe que tudo passa, tudo se renova e não há problema sem solução.

Reflitamos:

Como podemos superar de fato as nossas faltas e dificuldades se não construirmos em nós uma base para a fé inteligente?

Por acaso, existe outra maneira de desenvolver a verdadeira fé senão pela inteligência e compreensão das leis que regem a vida?

Logo, não basta dizer: tenho fé. É preciso compreender

porquê se crer e conhecer o mecanismo desta força. Naturalmente, o homem que tem confiança em si próprio, em suas capacidades humanas, executa grandes projetos, o que jamais conseguiria se duvidasse disso. Todavia é preciso não confundir a fé com a presunção, nos alertam as vozes do Alto, sabe que tudo depende da vontade de deus e nada pode sem Ele.

Lutemos para desenvolver em nós a fé operante, inteligente, baseada na razão para que possamos vitalizar forças positivas ao nosso fortalecimento interior e, com isso, conseguirmos repartir com os irmãos necessitados, as obras da fraternidade que a fé sustenta. Para tanto, precisamos do pensamento equilibrado e da vontade firme de querer melhorar. Lembremos de que o pensamento e a vontade são agentes poderosos da fé. Através destes atributos poderemos controlar nossas ações e consequentemente os resultados delas. O pensamento dirigido para o bem é um gerador de forças ocultas em nós. Nele a fé é fundada e construída sobre o alicerce da razão e do conhecimento.

Jamais descuidemos dos pensamentos e procuremos manter nossas vontades juntamente com as ações voltadas para o progresso geral. Vejamos, amigo leitor, dois pequenos trechos para finalizar este capítulo, o que diz Allan Kardec no seu livro – A Gênese – cap., XIV Q. 14 e 15:

"Os Espíritos agem sobre os fluidos espirituais, não que os manipulem como os homens manipulam os gases, mas com o auxílio do pensamento e da vontade. O pensamento e a vontade são para o Espírito aquilo que a mão é para o homem."

E conclui:

"Sendo os fluidos o veículo do pensamento, esta atua sobre os mesmo como o som atua sobre o ar; eles nos trazem o pensamento, como o ar nos traz o som. Pode-se, pois, dizer, com toda a verdade, que em tais fluidos há ondas e raios de pensamentos, os quais se cruzam sem se confundir, como no ar há ondas e raios sonoros.

Há,mais: O pensamento cria imagens fluídicas, e se reflete no envoltório perispiritual como num espelho; o pensamento toma corpo e aí se fotografa de alguma forma. Tenha um homem, por exemplo, a idéia de matar outro; embora seu corpo material esteja impassível, seu corpo fluídico é posto em ação pelo pensamento; do qual reproduz todas as variações; executa fluidicamente o gesto, o ato que tem desígnio de cumprir; o pensamento cria a imagem da vítima, e cena inteira se pinta, como em um quadro, tal como está em seu espírito."

Eis, assim, os grandes fundamentais atributos que desenvolvem a fé concedidos pelo Altíssimo a todas as criaturas. Portanto, pensamentos e vontades devem estar sempre dirigidos para o bem e para o aprimoramento espiritual a fim de que nossas influências possam envolver beneficamente a todos, tanto na Terra como no Espaço.

"*...Transformai-vos pela renovação da vossa mente, para que experimenteis qual seja a boa, agradável e perfeita vontade de Deus.*" – Paulo. (Romanos, 12:2).

Renovemo-nos a cada dia através dos pensamentos e ações aplicados à construção da fé operante, objetivando nossos desejos e práticas no Bem etermo e dos conhecimentos superiores, embora nos custe sacrifício e dor. Mas, diante dos acréscimos da Misericórdia Divina, nossa fé compreendida nos cumulará em bênçãos renovadoras.

Não basta dizer: tenho fé! É preciso pois, compreender e conhecer os motivos porquê se crê.

A caridade e a fé, são condutas que devem trabalhar juntas, jamais separadamente, pois ficariam impotentes.

Recordemos o Divino Mestre Jesus e aplique-nos o maravilho lema do Espiritismo: "Fora da caridade não há salvação".

Ensinemos a todos a necessidade da fé raciocinada através dos conhecimentos superiores, mas quando necessário, estendamos as nossas mãos para erguer aquele irmão caído no caminho – pondo em execução a verdadeira fé – recordando que mais valem as obras da fé do que a fé sem obras.

Capítulo 7

Duas Riquezas Diferentes

"Mas juntai tesouros no céu, onde nem a traça nem a ferrugem consomem, e onde os ladrões não mimam nem roubam." (Mateus, 6:20.)

"Não podeis servir a Deus e a Mammon; guardai bem isto, vós a quem o amor pelo ouro domina, vós que venderíeis a vossa alma para possuir tesouros, porque eles podem elevar-vos acima dos outros homens e dar-vos o gozo das paixões. Nao! Não podeis servir a Deus e a Mammon! Se sentis, portanto, vossa alma dominada pela cobiça da carne, apressai-vos em sacudir o jugo que vos esmaga, porque Deus, justo e severo, vos dirá: "Que fizeste, ecônomo infiel, dos bens que eu te havia confiado? Esta poderosa causa das boas obras tu a empregaste unicamente em tua satisfação pessoal." Qual é então o melhor emprego da fortuna? Procurai nestas palavras: "amai-vos uns aos outros" a

solução desse problema. Aí reside o segredo de empregar bem suas riquezas. Aquele que está animado pelo amor ao próximo, tem a sua linha de conduta já traçada; o emprego que agrada à Deus é a caridade. Não essa caridade fria e egoísta que consiste em espalhar ao seu redor o supérfluo duma existência dourada, mas a caridade cheia de amor, que procura a desgraça, que ergue sem humilhar." (O Evangelho Segundo o Espiritismo, Cap. XVI, n. 11.)

A luta desenfreada pela posse dos bens terrenos são, geralmente, os principais motivos de desequilíbrio entre os homens. Infelizmente, muitos ainda não se deram conta disso. A corrida pelo ouro é grande e bastante disputada entre as almas humanas que dispensam muito tempo de suas vidas na satisfação pessoal, na conquista de títulos, privilégios e outros benefícios temporários. Todavia, raro é vivermos dentro da normalidade, da sensatez, procurando consagrar nosso precioso tempo, não só ao campo da matéria, mas principalmente ao aperfeiçoamento interior e espiritual. Entretanto, é compreensivo e natural, convenhamos, que um homem sinta um certo contentamento quando, através do trabalho honesto e tenaz, conquista a riqueza no mundo. Mas, o que é realmente perigoso, quando não existe discernimento e nem humildade, é que, com esta satisfação, ele venha a sentir apego e, por conseguinte, orgulho e egoísmo, fazendo cair por terra todo sentimento benéfico que o trabalho digno proporciona.

A questão é que grande parte dos seres humanos, além de dispensarem muito tempo e esforços para a conquista dos bens terrenos, transitórios, dão pouca ou nenhuma importância aos da alma, eternos. Por conta disso, as satisfações pessoais vão se tornando 'vaidades exageradas' e mais: os efeitos negativos produzidos pelo *apego* afastam o homem da fraternidade e do amor ao próximo, tornam-no individualista e impassível à dor alheia. Logo, não é difícil constatar que noites e mais noites sem dormir, as dificuldades e os tormentos que muitas pessoas passam — desnecessariamente — originam-se não poucas vezes nos descontroles e nos excessos para *aumentar* suas 'posses' – às vezes mais do que o suficiente — com justificativa de ser previdência e que na realidade é egoísmo. Tais pessoas enveredam pelos caminhos da cobiça e da insensibilidade, punindo-se a si próprias.

Por isso, é preciso procurarmos avaliar cuidadosamente os nossos sentimentos e ações, aproveitando de maneira sensata o nosso tempo de encarnação, lembrando que há bens indiscutivelmente mais preciosos do que os da

Terra: as virtudes do coração, o aperfeiçoamento moral e a prática das boas obras a construção de um mundo melhor. Eis os verdadeiros tesouros da alma para os quais devemos e precisamos dirigir nossos esforços.

Muitos perguntaram:

— Por que a riqueza para uns e a pobreza para outros?...

A Doutrina dos Espíritos nos esclarece que quem detém atualmente a riqueza material poderá não tê-la em outra existência e quem não a tem hoje já a teve ou a terá em uma próxima. Com o processo reencarnatório, Deus – *Justo e Bom* – possibilita a todas as criaturas oportunidades de possuí-la, podendo assim, mostrar suas capacidades, *através do livre arbítrio*, tornando-a proveitosa ou não. A *tranquilidade* presente e a *felicidade* futura é obra de cada um.

Para substanciar esta questão de extrema importância, observemos as respostas obtidas por Kardec dos Espíritos superior:

"Por que Deus concedeu a uns a riqueza e o poder e a outros a miséria?

— Para provar a cada um de uma maneira diferente. Aliás, vós o sabeis, essas provas são escolhidas pelos Espíritos, que muitas vezes sucumbem ao realizá-las.

Qual dessas duas provas é a mais perigosa para o homem, a da desgraça ou a da riqueza?

– Tanto uma quanto a outra. A miséria provoca a lamentação contra a Providência, a riqueza leva a todos os excessos.

Se o rico sofre mais tentações, não dispõe também de mais meios para fazer o homem?

– É justamente o que nem sempre faz; torna-se egoísta, orgulhoso e insaciável; suas necessidades aumentam com a fortuna e julgam não ter bastante para si mesmo."

Prestemos atenção na nota complementar a seguir:

"*A posição elevada no mundo e a autoridade sobre os semelhantes são provas tão grandes e arriscadas quanto a miséria; por que, quanto mais o homem for rico e poderoso mais obrigações tem a cumprir, maiores são os meios de que dispõe para fazer o bem e o mal. Deus experimenta o pobre pela resignação e o rico pelo uso que faz de seus bens e do seu poder. A riqueza e o poder despertam todas as paixões que nos prendem à miséria e os distanciam da perfeição espiritual. Foi para isso que Jesus disse: "Em verdade vos digo, é mais fácil um camelo passar pelo fundo de uma agulha do que um rico entrar no reino dos céus."* (O Livro dos Espíritos, Qs., 814 a 816).

A riqueza material, quando usada com equilíbrio e sensatez, torna-se uma poderosa alavanca a favor do progresso geral; mas, infelizmente, a grande maioria do que detêm o poder e a fortuna se deixam arrastar pelos prazeres e satisfações 'ilusórias'; os laços da matéria são para eles muito fortes e formam uma enorme barreira que os separam da felicidade perene. Não se dispõem a sacrifícios que não sejam visando aos seus próprios interesses nem tampouco procuram o aprimoramento interior porque já se consideram aprimorados.

Mas, se a riqueza é uma prova difícil porque desperta as paixões e os prazeres, a dificuldade que se tem por não possuí-la, ou melhor, quando se é privado dela, também é uma prova que exige resignação e fé. Tal como respondeu o Espíritos elevados ao codificador Allan Kardec: "*Deus experimenta o pobre pela resignação e o rico pelo uso que faz de seus bens e do seu poder.*"

Lembremo-nos de que somos só depositários, usuários e administradores mais ou menos íntegros e inteligentes, alerta-nos o evangelho. Em suma, o homem só possui aquilo que pode levar deste mundo; os conhecimentos que adquiriu ao longo de sai existência e as luzes do bem que proporcionou aos seus semelhantes.

É impossível levar ou transferir títulos, e recursos que só valem aqui na Terra; mesmo porque , quando passarmos para o plano espiritual, não nos perguntarão, quanto possuímos na Terra, quantos títulos, que lugar ocupamos na sociedade nem tampouco quererão saber qual o valor de nossos bens. Não! As vozes do Alto nos explicam que não serão computados o valor de nossas posses nem o de nossos prestígios, mas sim o que fizemos deles; a soma das virtudes e das obras executadas na seara do bem certamente pesarão na balança da Justiça divina. Diante de tal realidade, um simples operário poderá ser muitas vezes mais rico do que um homem de posses e poder que não tenha as qualidades sublimes do coração. Então, de que adianta ao homem, de um lado, possuir riquezas materiais e, do outro, estar falido em qualidades morais e espirituais? Podemos responder firmemente: Nada!

Entretanto, Deus não condena a riqueza, pois ela é uma importante engrenagem do processo evolutivo do Planeta; a riqueza é considerada um elemento do progresso, sem ela não haveria grandes descobertas nem invenções, tampouco o avanço; ela faz parte de um conjunto que impulsiona o crescimento dos povos no Globo. E mais: se a riqueza só gerasse males, Deus não a teria permitido na Terra. Condenável, é, portanto, o uso que o homem faz dela: os excessos, a má distribuição, sobretudo o uso exclusivo que faz gerar desigualdade e, por vezes, a miséria que assola a Humanidade.

Em nossa sociedade, onde ainda há muita deficiência e egoísmo, é comum vermos pessoas desperdiçarem grande parte de suas oportunidades na vida não reconhecendo o valor do que possuem, preferem viver reclamando. São pessoas às vezes dotadas de significantes faculdades e de inestimáveis riquezas como a família, a saúde, a inteligência, o trabalho edificante... E, por estarem habituadas a reclamar de tudo, vivem como se estivessem adormecidas. Estes bens precisam ser valorizados e reconhecidos, em tempo, como sendo bênçãos de luz na senda da evolução. Mas, nem sempre é o que acontece. Infelizmente, as lamentações tomam conta de muitos, causam, por assim dizer, a revolta, a inveja e o egoísmo, haja vista que nunca estão contentes com o que têm, sempre querem mais e mais, trazem para si e para os seus o sofrimento e o desequilíbrio físico-psíquico. Por isso, procure vigiar para evitar o envolvimento em tais situações.

A riqueza é proveitosa quando ajuda o progresso evolutivo do mundo, quando é usada para o bem comum, quando administrada com discernimento e compreensão; porém, torna-se perigosa quando dirigida para a satisfação exclusivamente pessoal, não trazendo benefícios a ninguém, exceto para o próprio administrador temporário.

Efetivamente, o homem na condição de espírito encarnado traz consigo, do Espaço, os conhecimentos e o adiantamento que adquiriu e vidas passadas, como também suas deficiências e faltas. E, pelos acréscimos da Misericórdia Celeste, através das reencarnações, lhe são dadas novas oportunidades de resgatá-las como também condições de aprimorar-se, dependendo é claro, de sua resignação e fé. Assim, com a morte do corpo, o espírito retorna a sua pátria de origem levando consigo só os bens da alma, ou seja, o aproveitamento de suas oportunidades, sobretudo, as luzes dos benefícios que proporcionou aos seus irmãos durante sua jornada humana. Eis, aí, o que realmente levamos quando daqui partirmos: as verdadeiras riquezas, bens que nem a traça nem a ferrugem consomem e ninguém pode tirar. Recordemos mais uma vez as sublimes palavras de Jesus:

"*... ajuntai tesouros no céu, onde nem a traça nem a ferrugem consomem e onde os ladrões não minam nem roubam.*" (Mateus – 6:20).

Faz-se necessário abstermo-nos das atitudes impensadas para que não venhamos a nos arrepender depois. Procuremos analisar rigorosamente os nossos sentimentos buscando o burilamento da alma. Sobretudo, aprendamos a agir com discernimento, bom senso e sensatez, procurando nos moldarmos às leis que regem o Universo e compreendendo, aprendemos a servir; servindo, aprendamos a amar; e amando, aprendamos a viver, simples e proveitosamente.

A simplicidade e o bom senso são procedimentos extremamente benéficos para o homem que busca sua reforma íntima, seu equilíbrio, emocional e a sua paz interior. Para tanto, é necessário o auto-conhecimento, como também o auto-controle, pois estes são os agentes da inteligência que nos fazem separar o joio do trigo, o bem do mal.

Por diversas vezes, o Cristo nos recomendou compreensão e cuidados com os bens da alma para que não percamos as oportunidades imediatas de reajuste e evolução.

Observemos este alerta:

"*Porque o amor ao dinheiro é a raiz de toda a espécie de males; e nessa cobiça alguns se desviaram da fé, e se transpassara a si mesmos com muitas dores.*" (Paulo – I Timóteo – 6:10).

O dinheiro ou a riqueza não significam um mal. Entretanto, o que Paulo nos esclarece em sua narrativa é que o apego e o amor pelos bens da Terra é a raiz dos desajustes e dos males. Logo, o homem não pode ser 'avaliado' pela sua condição financeira, mas sim, pelo uso que faz dela. Aliás, são os excessos e o orgulho das posses humanas que levam aos infortúnios distanciando as almas do caminho da luz.

Vejamos agora o que proclamou o apóstolo Lucas sobre os ensinamentos do Mestre:

"*E disse-lhes: Acautelai-vos e guardai-vos da avareza; porque a vida de qualquer não consiste na abundância do que possui.*

Porque, onde estiver o vosso tesouro, ali estará também o vosso coração." (Lucas – 12:15 e 34).

Os homens, de um modo geral, ainda não aprenderam a lutar pelos valores da alma. Ao longo de nossas vidas, com a intenção de vivermos bem, traçamos muitos objetivos materiais — o que é natural. No entanto, esquecemo-nos, muitas vezes, de ter como objetivo maior o desenvolvimento da conduta cristã, o aperfeiçoamento dos valores espirituais e a renovação das virtudes do coração. Eis, aí, os objetivos superiores com as quais evoluímos para vida eterna. Jamais nos esqueçamos disso.

Vivamos, simples e proveitosamente, lembrando-nos de que os bens da Terra pertencem a Deus.

Gostaríamos, pois, de acrescentar algumas linhas de muita luz:

"*Eis, meus amigos, o que eu pretendia vos ensinar sobre o desapego aos bens terrenos. Resumo, dizendo: Sabei contentar-*

vos com pouco.Se sois pobres, não invejeis os ricos, porque a fortuna não é necessária à felicidade. Se sois ricos, não esqueçais de que esses bens vos são confiados e que devereis contas de uma tutela. Não sejais um depositário infiel, fazendo-os servir para a satisfação de vosso orgulho e de vossa sensualidade. Não vos acrediteis com o direito de dispor unicamente para vós daquilo que é só um empréstimo e não um presente." (O Evangelho Segundo o Espiritismo, Cap. XVI n.14).

Procuremos acumular os tesouros da alma, observando que a riqueza material, a beleza física e o poder transitório, nada mais são que simples roupagens de empréstimos que o ser humano contrai na senda do crescimento e que, com o passar do tempo, inevitavelmente serão deixados para trás. E, quando a morte nos arrebatar a vida, adentraremos na pátria espiritual levando conosco as riquezas da alma, verdadeiras bênçãos de luz para a vida superior.

Recordemos as sublimes palavras de Jesus:

"*Pois, que aproveitaria ao homem ganhar todo o mundo e perder a sua alma?*" (Marcos – 8:36).

Pensemos nisto, sempre!

O homem não pode evoluir sem que tenha de fato compreendido e edificado em si os valores da alma.

Sem o tesouro eterno que acumularmos com a educação pessoal e com o aperfeiçoamento moral, é impossível adentrarmos nas Esferas Superiores porque nos faltaria contato com o Plano Maior.

A tranquilidade presente e a felicidade futura é obra de cada um de nós.

Abstenhamo-nos de precipitações e correrias desnecessárias porquanto ninguém consegue viver em paz sem antes guardar-se na compreensão e na humildade.

É imperioso vivermos dentro da realidade que compõe as leis eternas, lembrando que quem procura a verdade e nela permanece age mais e erra menos. "Conhecereis a verdade e a verdade vos libertará."

Capítulo 8

Evoluindo com Jesus

"E os fariseus, ouvindo que ele fizera emudecer os saduceus, reuniram-se no mesmo lugar.
E um deles, doutor da lei, interrogou-o para o experimentar, dizendo:
– Mestre, qual é o grande mandamento na lei?
E Jesus disse-lhe:
– Amarás o Senhor teu deus de todo o teu coração e de toda a tua alma, e de todo o teu pensamento.
Este é o primeiro e grande mandamento.
E o segundo, semelhante a este, é:
– Amarás o teu próximo como a ti mesmo.*Destes dois mandamentos dependem toda a lei e os profetas.*"
(Mateus – 22:34, 40).

"O Cristo foi o iniciador da mais pura e sublime moral; da moral evangélica cristã que deve renovar o mundo, aproximar os homens e torná-los fraternos; que deverá fazer brotar em todos os corações humanos a caridade e o amor ao próximo e criar, entre todos os homens, uma solidariedade comum; duma moral, enfim, que deve transformar a Terra e torná-la a morada da Espíritos Superiores para os que a habitam hoje. É a lei do progresso, à qual a natureza está submetida, que se cumpre, e o Espiritismo é a alavanca que Deus utiliza para fazer a Humanidade avançar." (O Evangelho Segundo o Espiritismo, Cap. I n. 9.)

Toda a doutrina de Jesus está fundamentada no amor; na caridade. Ele mostrou-nos um deus justo, bom e misericordioso, haja vista que fez do amor de deus e da caridade para com o semelhante, as condições principais da felicidade e da salvação, dizendo: "amai a Deus sobre todas as coisas e ao próximo como a vós mesmos; destes dois mandamentos dependem toda a lei e os profetas." Sendo assim... não existe outro caminho para a salvação.

O mundo já recebeu três importantes revelações: a primeira com Moisés; a segunda com o advento de Jesus e, por fim, o Espiritismo, a terceira revelação Divina codificada por Allan Kardec.

Moisés, sendo um profeta, revelou aos homens a existência de um Deus – único – Criador de todas as coisas. Foi através dele que houve a promulgação dos mandamentos de Deus, a mais completa moral cristã. Despertou também no povo, a necessidade da fé que abrangeria um dia o Globo, embora fosse uma fé primitiva.

"*Todas as outras são leis estabelecidas por Moisés, obrigado a manter, pelo temor, um povo naturalmente turbulento e indisciplinado, cujos abusos arraigados e preconceitos adquiridos na servidão do Egito devia combater.*" (ESE – Cap.I n.2.)

Vejamos em alguns trechos do livro – *O Céu e o Inferno* – de Allan Kardec, Cap. VI, Ns. 3,4 e 5, os esclarecimentos a seguir:

"Um Deus de mansuetude e misericórdia não seria um deus, porém um ser fraco e sem meios de se fazer obedecer. A vingança implacável, os castigos terríveis, eternos, nada tinham de incompatíveis com a idéia que se fazia de Deus, não lhes repugnavam à razão. Implacável também ele, homem, nos seus ressentimentos, cruel para com os inimigos e inexorável para com os vencidos, Deus, que lhe era superior, deveria ser ainda mais terrível.

Para homens dessa espécie eram precisas crenças religiosas assimiladas à sua natureza rústica. Uma religião toda espiritual, toda amor e caridade não podia aliar-se à brutalidade dos costumes e das paixões.

Não censuremos pois a Moisés pela sua legislação draconiana, apenas bastante para conter o povo indócil, nem o fato de haver feito de deus um Deus vingativo. A época assim o exigia, essa época em que a doutrina de Jesus não encontraria eco e seria pois de nenhuma valia."

Observemos que, tudo tem seu tempo, seu momento para se realizar. Nada acontece por acaso. Tudo tem uma razão de ser. Agora, Kardec, nos esclarece sobre a 'renovação do Espírito' através das reencarnações sucessivas.

Vejamos então:

"À medida que o Espírito se desenvolvia, o véu material ia se lhe descerrando pouco a pouco e os homens habilitavam-se a compreender as coisas espirituais; mas isso não aconteceu senão gradualmente. Por ocasião de sua vinda, já não deste mundo, e acrescentando: Amai-vos uns aos outros e fazei bem aos que vos odeiam, ao passo que os antigos diziam: olho por olho, dente por dente.

Ora, quais eram os homens que viviam no tempo de Jesus?

Seriam almas novamente criadas e encarnadas?

Porém se assim fosse, Deus teria criado para o tempo de Jesus almas mais adiantadas que para o tempo de Moisés? E daí o que teria decorrido para as últimas? Consumir-se no embrutecimento?"

O Codificador esclarece-nos sobre a transmigração progressiva como engrenagem do processo evolutivo.

Eis a resposta:

"O mais comezinho bom senso repele a suposição. Não; essas almas eram aquelas mesmas que viviam sob o império das leis mosaicas e que tinham adquirido, em várias existências, o desenvolvimento suficiente à compreensão de uma doutrina mais elevada, assim como hoje mais adiantadas se encontram para receber um ensino ainda mais completo."

Com a chegada do Messias Divino, o mundo recebeu a Boa Nova, transformando toda a Terra com seus ensinamentos sublimes de amor e abnegação. Portanto, Jesus não foi só um legislador moralista, Ele veio cumprir o que os profetas anunciaram anteriormente. Veio, pois, trazer aos homens informações preciosas sobre a vida eterna, a necessidade do verdadeiro amor como condição expressa para a evolução espiritual. Mostrou-nos, sobretudo, os caminhos que levam ao aperfeiçoamento da alma através da reforma moral, não só pelas suas palavras, mas, principalmente pelos seus exemplos de fraternidade, amor e humildade. Ele nos disse:

"Eu sou a luz do mundo; quem me segue não andará em trevas, mas terá a luz da vida." (João – 8:12).

"Eu sou o pão da vida; aquele que vem a mim não terá fome, e quem crê em mim nunca terá sede." (João - 6:35).

Também afirmou:

"O céu e a terra passarão, mas as minhas palavras não hão de passar." (Mateus - 24:35).

Durante sua atividade terrena, Jesus deixou diretrizes, informações e exemplos da conduta cristã, aliás, suficientes para fazer transformações por toda a Humanidade fazendo-a entender, com ajuda do Espiritismo, os objetivos de sua vinda ao Planeta.

Certa vez acrescentou?

"Se me amais, guardai os meus mandamentos.

E eu rogarei ao pai, e ele vos dará outro Consolador, para que fique convosco para sempre." (João - 14:15,16).

Voltemos, então, às explicações complementares do livro - O Céu e o Inferno - Cap. VI, n.5:

"Cristo não pôde, no entanto, revelar aos seus contemporâneos todos os mistérios do futuro. Ele próprio disse: Muitas outras coisas vos diria se estivésseis em estado de as compreender e é esse o motivo porque vos falo por parábolas. Sobretudo no que diz respeito à moral, isto é, aos deveres do homem, foi Cristo muito explícito porque, tocando na corda sensível da vida material, sabia fazer-se compreender; quanto a outros pontos, limitou-se a semear, debaixo da forma alegórica, os germens que deveriam ser desenvolvidos mais tarde.

A doutrina das penas recompensas futuras pertencem à última ordem de idéias. Sobretudo com relação às penas, ele não poderia romper abruptamente com as idéias preconcebidas. Veio traçar aos homens novos horizontes, substituir o ódio e a vingança pelo amor do próximo e pela caridade, o egoísmo pel abnegação; isso era já muito; além do mais, não podia racionalmente enfraquecer o temor do castigo reservado aos prevaricadores, sem enfraquecer ao mesmo tempo a idéia do dever."

E Allan Kardec conclui:

"Eis a razão por que Jesus não entrou em minúcias supérfluas a respeito do assunto: naquela época não era preciso mais do que opor uma posição à recompensa."

O Pai Celeste, misericordioso e bom, enviou-nos no tempo certo o *Consolador*, a Doutrina de Jesus para que todas as coisas fossem devidamente esclarecidas à luz da razão. Com o Espiritismo, já não há obscuridade, nem tampouco, dúvidas.

Diante de tão grande realidade, verificaremos um avanço significante em nosso Planeta. É bem verdade que ainda estamos longe da perfeição e carecemos urgentemente de reformas e aperfeiçoamento no que concerne a nossa alma. Mas, conforme a lei da evolução, dia virá em que atingiremos o nosso objetivo maior que é aprimoramento espiritual. Façamos sempre a nossa parte, trabalhando e confiando em Jesus e, apoiados no Espiritismo, avancemos adiante.

Recordemos o apóstolo Paulo:

"Irmãos, quanto a mim, não julgo que o haja alcançado; mas uma coisa faço, e é que, esquecendo-me das coisas que atrás ficam, e avançando para as que estão diante de mim." (Filipenses - 3:13).

Procuremos, pois, avançar para evoluir e desenvolvamos em nós a conduta cristã tão bem ensinada por Jesus, observando que, a sombra da improdutividade é desastre espiritual para a alma na senda da evolução. Por isso, fazem-se necessários, atenção e cuidados para não perdermos as oportunidades no curso do tempo.

Precisamos estar atentos aos ensinamentos evangélicos e pô-los em prática com tenacidade e fé. Reflitamos, pois, sobre a parábola da semeadura, ela é um alerta para todos nós. Ei-la:

"E falou-lhe de muitas coisas por parábolas, dizendo: Eis que o semeador saiu a semear.

E, quando semeava, uma parte da semente caiu ao pé do caminho, e vieram as aves, e comeram-na;

E outra parte caiu em pedregais, onde não havia terra bastante, e logo nasceu, por que não tinha terra funda;

Mas, vindo o sol, queimou-se, e secou-se, porque não tinha raiz.

E outra caiu entre espinhos, e os espinhos cresceram e sufocaram-na.

E outra caiu em boa terra, e deu fruto: um a cem, outro a sessenta e outro a trinta.

Quem tem ouvidos para ouvir, ouça." (Mateus – 13:3 a9).

Mais adiante, nos Vs. 18 a 23, Mateus continua a sua narrativa mostrando os sinais de alerta apontados pelo Cristo para que tenhamos cuidado em não tornar os ensinamentos do evangelho, como nos advertem o Espiritismo, improdutivos, em letras mortas, pois de nada nos adiantaria conhecê-los e não praticá-los. Seria o mesmo que uma árvore sem frutos.

É preciso atenção!

Vejamos a parábola:

"Escutai vós, pois, a parábola do semeador.

Ouvindo alguém a palavra do reino, e não a entendendo, vem o maligno, e arrebata o que foi semeado no seu coração; este é o que foi semeado ao pé do caminho.

O que foi semeado em pedregais é o que ouve a palavra, e logo a recebe com alegria;

Mas não tem raiz em si mesmo, antes é de pouca duração; e, chegada a angústia e a perseguição, por causa da palavra, logo se ofende;

E o que foi semeado entre espinhos é o que ouve a palavra, mas os cuidados deste mundo, e a sedução das riquezas sufocam a palavra, e fica infutífera;

Mas, o que foi semeado em boa terra é o que ouve e compreende a palavra; e dá fruto, e um produz cem, outro sessenta, e outro trinta."

Vigiemo-nos na luta comum.

É impossível ao homem evoluir se discernimento, sem compreensão e fé. Sejamos fortes ante as tribulações da caminhada, sabendo que a dor é bênção de luz na senda da evolução.

Na luta diária em que dirigimos nossos esforços para a conquista dos valores da alma, é imperioso bom ânimo, vontade e fé, não só em si, mas principalmente em Deus. Todo ser humano deve ter, como finalidade na vida, alcançar o aperfeiçoamento espiritual, porquanto sem fortalecimento interior, ante as intempéries e tribulações da caminhada, o homem desmorona. É preciso ação e renovação frente à jornada redentora, pois não nos cabem descansos inoportunos. Todavia, é compreensivo e natural que os obstáculos no curso do crescimento possam, muitas vezes, causar-nos tropeços e quedas. Mas, abstenhamo-nos de queixas e sejamos fortes diante da dor purificadora e, evolvidos com o Mestre Maior, levantemo-nos e sigamos avante.

Atendamos sempre ao convite de Jesus:

"*Levantai-vos, vamo-nos daqui.*" (João – 14:31.)

O aprendizado humano, *no que se refere ao aperfeiçoamento moral e espiritual*, por mais desejado que seja, é lento porque há acomodações e por vezes descuido. Enquanto o homem não despertar para as necessidades de reajuste e aprimoramento íntimo, permanecerá aliado às meras promessas que não levam a nada, a não ser, à inércia. Entretanto, conseguimos melhorar e evoluir quando nos envolvemos mais com Jesus na luz do conhecimento e do discernimento, recordando que, para o aprendiz do Evangelho renovar-se no campo produtivo do bem, é trabalho operoso em prol de sua própria edificação.

Ser-nos-á, portanto, possível evoluir com o Cristo, se procurarmos adotar como conduta permanente, o auto-aprimoramento. Porém, é imperioso lembrar que, na estrada do aprendizado edificante não só precisamos desenvolver os conhecimentos superiores em nós, como necessitamos, a exemplo do próprio Cristo, distribuí-los entre os nossos irmãos de caminhada humana.

Contudo, em fase de tanta deficiência íntima, ficamos pensando nas faltas e conflitos pessoais e muitas vezes indagamos:

Como poderemos ascender a luz em favor do próximo se ainda, frequentemente, caminhamos na sombra?

A questão é séria, merece atenção e sobretudo cuidado. Mas, se procedermos assim – achando que não somos capazes –, além de nos afastarmos da luz, perderemos muito tempo de serviço cristão.

Reflitamos:

Como seria, se o menos esclarecido ficasse proibido de trabalhar e servir segundo suas possibilidades?...como atingiria seu adiantamento?...e como os menos inteligentes desenvolveriam suas capacidades adormecidas se lhes fosse tirado esses direito?...

Se assim fosse, o que dizer então da lei do progresso e da evolução?

Todos os Espíritos encarnados e desencarnados foram criados em iguais condições. Porém, o aperfeiçoamento e a evolução espiritual é obra do esforço próprio no curso das reencarnações.

Cada um de nós *pode e deve* contribuir com aquilo que nos é possível. Jamais olvidemos o serviço do bem já que ninguém progredirá se não conhecer *bem* suas próprias faltas e deficiências.

O fato de observarmos nossas imperfeições já mostra um sinal de um progresso interior, pois fica mais fácil a atuação no sentido de combatê-las alcançando, por assim dizer, pouco a pouco o burilamento da alma.

Faz-se necessário, portanto, recordarmos a resposta que Allan Kardec obteve dos Espíritos a este respeito.

Vejamo-la:

"Qual é o meio prático e mais eficaz para se melhorar nesta vida, e resistir aos arrastamentos do mal?

Um sábio da antiguidade vos disse: Conhece-te a ti mesmo." (O Livro dos Espíritos, Cap. XII Q. 919).

Fortaleçamo-nos em vez de termos auto-piedade e trabalhemos ao lado de Jesus sempre avante para o bem de todos. Eis, aí, a verdadeira evolução.

Caro leitor, cumpre-nos refletir, sobretudo verificar em nossos corações os esclarecimentos a seguir:

"Chegastes ao tempo em que se cumprirão as coisas anunciadas para a transformação da humanidade. Felizes serão os que tiverem trabalhando no campo do Senhor com desinteresse e sem outro móvel que a caridade! Suas jornadas de trabalho serão pagas ao cêntuplo daquilo que haviam esperado. Felizes serão aqueles que tiverem dito a seus irmãos: "Irmãos, trabalhemos juntos e unamos nossos esforços a fim de que o senhor encontre a obra acabada à sua chegada.", *porque o Senhor lhes dirá*: "Vinde a mim, vós que sois bons servidores, vós que fizestes calar vossos ciúmes e vossas discórdias para não deixar sofrer a obra!" *Mas infelizes aqueles que, por suas dissensões, tiveram retardado a hora da colheita, porque a tempestade virá e serão arrastados no turbilhão. E gritarão*: "Graça! Graça!", *mas o Senhor lhes dirá*: "Porque pedis graça, vós que não tivestes piedade de vossos irmãos e que recusastes estender-lhes a mão, vós que esmagastes o fraco ao invés de o sustentar? Porque pedis graça, vós que procuraste vossa recompensa nas alegrias da terra e na satisfação de vosso orgulho? Vós já recebestes a vossa recompensa, tal como queríeis. Não peçais mais, As recompensas celestes não são para aqueles que não houverem pedido as recompensas da Terra."

Deus faz neste momento a enumeração de seus servidores fiéis, e marcou com seu dedo os que só têm aparência do devotamento, a fim de que não usurpem os salários dos servidores corajosos, pois é àqueles que não recuarão diante de sua tarefa que Ele vai confiar os postos mais difíceis na grande obra da regeneração pelo Espiritismo, e esta palavra se cumprirá. "Os primeiros serão os últimos, e os últimos serão os primeiros no Reino dos Céus!" (O Evangelho Segundo o Espiritismo, Cap. XX – n.5).

Sejamos honestos conosco mesmos — aceitemo-nos como somos 'sem lamentações' e, em tudo que pensarmos, falarmos e fizermos, procuremos o melhor de nós e partilhemos entre os nossos irmãos de jornada terrena. E dia a dia, observaremos que o senhor não nos pede repentinas transformações de ordem moral e espiritual, mas que os juntemos com Elena senda do bem e do amor, em nosso favor, mas principalmente, em benefício de toda a humanidade, pois assim, estaremos, passo a passo — *evoluindo com Jesus!*

"Glória, porém, honra e paz a qualquer que obra o bem."

Paulo (Romanos, 2:10).

Jesus mostrou-nos que o amor a Deus sobre todas as coisas e a caridade para com o semelhante são as condições principais da felicidade e da salvação.

Vigiemo-nos na luta comum e tenhamos cuidado em não tornar os ensinamentos do Evangelho improdutivos e em letras mortas porquanto vigilância e ação devem andar juntas.

O cristo transformou o mundo, não pela sua oratória, mas verdadeiramente pelo seu amor ilimitado.

Conhece-te a ti mesmo, eis a chave do progresso espiritual.

Jesus, o Mestre dos Mestres, nos fornece o roteiro seguro para a nossa evolução e a Doutrina Consoladora as condições através de sua compreensão e prática.

Fortaleçamos nossa condição de aprendiz do Evangelho e ajudemos a todos através dos pensamentos, das palavras e das ações e, pouco a pouco, nos tornaremos obreiros atentos ao lado do maior exemplo da evolução, o Divino mestre Jesus.

"Estas coisas vos tenho dito para que tenhais paz em mim. No mundo passais por aflições; mas tende bom ânimo, eu venci o mundo."

Jesus (João – 16:33)

Bibliografia

1. BÍBLIA SAGRADA: (1) Edição Sociedade Bíblica Trinitariana do Brasil - São Paulo, SP - 1994,

(2) Edição Sociedades Bíblicas Unidas - Rio de Janeiro, RJ - 1952,

(3) Edição Sociedades Bíblicas do Brasil - Rio de Janeiro, RJ - 1956. *Todas Traduzidas por João Ferreira de Almeida.*

2. KARDEC, ALLAN - O Evangelho Segundo o Espiritismo - Tradução de Eponina Pereira.

(1) Edição Federação Espírita do Estado de São Paulo - São Paulo, SP - 5ª.ediçao- 1982,

(2) Tradução de Salvador Gentile. Edição Instituto de Difusão Espírita - Araras, SP - 183ª. Edição - 1978.

3. KARDEC, ALLAN - O Livro Dos Espíritos - Tradução de Herculano Pires.

(1) Edição Federação Espírita do Estado de São Paulo - São Paulo, SP - 2ª.edição.

(2) Tradução de Salvador Gentile. Edição Instituto de Difusão Espírita - Araras, SP - 90ª. Edição - 1994.

4. KARDEC, ALLAN - A Gênese - Tradução de Victor Tollendal Pacheco - EdiçãoNúceo Espírita Caminheiros do Bem - São Paulo, SP.

5. KARDEC, ALLAN - Obras Póstumas - Tradução de Guillon Ribeiro. 26ª edição - Edição Federação Espírita Brasileira - rio de Janeiro, RJ - 1993.

6. KARDEC, ALLAN - O Céu e o Inferno - Tradução de J. Herculano Pires - 7ª. Edição - edição Lake - São Paulo, SP - 1995.

LIVROS DO MESMO AUTOR

VOCÊ É ESPECIAL

Descubra-se e seja feliz!

Um livro realmente especial e inesquecível. Possui um projeto editorial inovador, totalmente colorido e ilustrado com pinturas encantadoras. Esse livro é repleto de mensagens de motivação e encorajamento, levando, o leitor, a momentos de paz e reflexão.

O PODER MAGNÍFICO DO PENSAMENTO

A Conquista da Autoconfiança
Atraves da Transformação Mental

Com mais de 10 edições de sucesso, o livro *O Poder Magnífico do Pensamento* trás várias recomendações de personalidades da literatura e da medicina. Com um novo projeto gráfico você precisa conhecer esse livro que lhe fortalecerá na conquista da autoconfiança.

Do Outro Lado da Vida

As Surpreendentes Ravelações de um jovem através da Psicografia de Chico Xavier

Um documentário escrito de forma fomanciada, a obra *Do Outro Lado da Vida*, mostra a história verídica da juventude marcante de um jovem que sessenta e dois dias após sua morte comunica-se através do mais notável médium de todos os tempos, Francisco Cândido Xavier. Você vai se envolver de corpo e alma, vivendo e sentindo as maravilhas da realidade do outro lado da vida.

Acredite em seus Sonhos

Faça a diferença na vida das pessoas e prospere!

Para ser feliz não basta apenas ter um sonho, uma meta, um ideal. É preciso ter consciência, persistir e acreditar".Conheça, entre tantas, a história de um jovem estudante que foi surpreendido pela nota baixa que recebeu em sua redação sobre "seus sonhos". Quais seriam seus sonhos? Por que tal professor teria dado uma nota tão baixa a esse jovem?"...nunca permita que outras pessoas e fatores externos o impeçam de conquistar os seus ideais e sua felicidade". Acredite em seus sonhos!

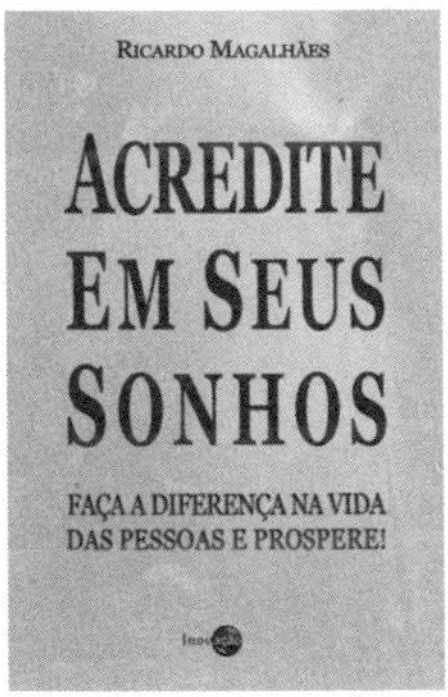

LEIA TAMBÉM DE RICARDO MAGALHÃES

Um dos livros de autodesenvolvimento mais vendidos e amplamente recomendado por um número cada vez maior de leitores e personalidades da literatura, como a Doutora Nelly Novaes Coelho, Crítica Literária e Professora Titular de Literatura da Universidade de São Paulo - USP, e da medicina, como o Doutor José Aristodemo Pinotti, Professor Títular de Ginecologia do Depto. OB/GIN.HC-FMUSP, entre outras. São muitas as razões para você ler: Há Sempre Solução.

Inovação

Esta obra foi impressa em São Paulo
pela Prol Gráfica para a Inovação Projetos Editoriais.
A fonte usada no texto foi Goudy Old Style -
Arial Narrow no corpo 14/8/9
O papel de miolo é Off Set 90g e o da capa,
Supremo 250g, ambos da Cia. Suzano.
Este livro possui 128 páginas - Formato fechado: 13,5 x 20,5 cm
Entrelinha: 19 - Mancha: 10 x 16